RÉFLEXIONS

SUR LE MEILLEUR

GOUVERNEMENT,

PAR L. ZELLER.

A PARIS,

CHEZ DELAUNAY, ET PONTHIEU,

LIBRAIRES,

PALAIS-ROYAL, GALERIES DE BOIS.

M. DCCG. XXIV.

DE L'IMPRIMERIE DE LACHEVARDIERE FILS, SUCCESSEUR DE CELLOT.

RÉFLEXIONS

SUR

LE MEILLEUR GOUVERNEMENT.

DE L'IMPRIMERIE DE LACHEVARDIERE FILS,

SUCCESSEUR DE CELLOT,

rue du Colombier, n. 30.

RÉFLEXIONS

SUR LE MEILLEUR

GOUVERNEMENT,

PAR L. ZELLER.

A PARIS,

CHEZ DELAUNAY, ET PONTHIEU,

LIBRAIRES,

PALAIS-ROYAL, GALERIES DE BOIS.

M. DCCC. XXIV.

PRÉFACE.

L'étude de la politique dessèche l'âme, resserre, paralyse le cœur. La politique est pourtant l'art de rendre les hommes heureux; mais pour une si belle œuvre, pour en préparer le mécanisme, il faut considérer les hommes sous l'aspect le plus affligeant. Il faut les voir tous emportés par leurs passions, tous acharnés après le pouvoir, tous en abusant en raison des moyens qu'ils en ont. Il faut traiter les dépositaires du pouvoir en ennemis, se défendre contre eux par toutes sortes de remparts.

Ce ne sont pas là les seuls principes sévères qu'enseigne la politique; les riches dans une nation sont déjà assez favorisés, l'on souhaiterait que les citoyens moins heureux fussent dédommagés par les avantages du pouvoir, ou du moins que le pouvoir fût également partagé entre tous les citoyens. « Gardez-vous bien » de telles mesures, s'écrie la politique; le pouvoir » doit être donné aux moins nombreux, aux riches,

» pour défendre leurs personnes et leurs fortunes
» contre les pauvres, contre le plus grand nom-
» bre. »

En refusant au peuple l'exercice du pouvoir, il
serait juste du moins de lui laisser le choix de ceux
qui l'exercent, afin qu'il pût par son choix se prémunir contre les abus du pouvoir, et d'ailleurs se ménager une législation qui garantît sa liberté, son plus
beau domaine. Mais la politique se présente encore
armée de son veto : « Si le peuple, dit-elle, parvient,
» de quelque manière que ce soit, à avoir le pas dans
» le gouvernement, il bouleversera l'état, le précipi-
» tera sous le régime révolutionnaire. Il est de rigueur
» de contenir le peuple, de dresser des digues contre
» sa puissance. »

Ainsi, il n'est pas possible en politique de s'abandonner à des sentiments généreux; c'est une nécessité
de les comprimer sans cesse pour se livrer à une guerre
défensive, s'enfermer au milieu de digues, de remparts, faire toujours sentinelle; observer les mouve-
ments que la soif des richesses, du pouvoir, même de
la liberté, peut faire naître dans l'un ou l'autre
camp, s'armer de sévérité pour les punir, et se faire
quelquefois violence pour réprimer des sentiments
qu'au fond du cœur l'on admire.

Telles sont les impressions que j'ai ressenties dans mes courtes réflexions sur la politique.

N'ayant point d'opinion fixe, j'ai cherché à m'en former une. J'ai lu quelques auteurs, j'ai mis pour l'histoire ma mémoire à contribution; et en méditant sur ce modeste fond, j'ai reconnu les nécessités dont je viens de parler; je suis arrivé à un résultat qui est bien l'expression de mon jugement, ou plutôt l'expression du jugement qu'a prononcé ma faible raison sur les documents que j'ai pu lui fournir, mais qui n'est pas la véritable expression des sentiments qu'un peu de philosophie inspire. Eh! qui pourrait, d'abandon de cœur, professer les principes que je viens de rapporter? Mais, en politique comme dans toutes les circonstances de la vie, la raison impose continuellement des sacrifices, et c'est souvent avec peine qu'on suit la route qu'elle a tracée (1).

---

(1) Aussi il n'est personne à qui l'on ne puisse adresser ce discours: « Dans le parti que vous prenez, soit en politique, soit sur toute autre matière qui vous intéresse, consultez-vous bien, descendez jusqu'au fond de votre âme: si vous n'y trouvez rien qui contrarie vos affections, si vous n'y trouvez aucun sacrifice fait à la raison, vous pouvez hardiment vous censurer et pronon

Bien que je ne sois lié pour l'opinion par aucun antécédent, que mes réflexions soient libres dans leur cours, et que j'aie apporté tous mes soins pour les soustraire à toute influence étrangère aux principes, je n'ose me flatter d'être impartial. La première pensée d'écrire m'est venue en relisant le Contrat social. L'auteur fait sortir, comme l'on sait, tout le système politique de la volonté des peuples.

---

cer que vous ne pensez et n'agissez pas aussi sagement que vous pourriez le faire ; car il n'est point d'hommes assez heureusement nés pour n'avoir à suivre, même dans les moindres circonstances, que la pente de la nature : comment cela serait-il possible, quand la vertu même a ses excès, ses dangers ? Vous prétendez avoir réfléchi long-temps au parti que vous embrassez, que c'est à ce parti que votre raison vous conduit. Je le suppose bien : mais il s'agit de faire la contre-épreuve de vos raisonnements ; et s'ils cadrent parfaitement avec vos intérêts, vos affections, sans qu'il y ait de sacrifices en aucun endroit, il est certain que vos intérêts, vos passions ont seuls raisonné, ont seuls pris part à vos réflexions, et que la raison n'y est point intervenue, parceque la raison n'intervient jamais dans notre pensée comme dans nos actions que pour exiger des sacrifices. Ce n'est que par le tribut que nous lui payons qu'elle nous admet dans son empire, et c'est à l'importance du tribut que nous pouvons reconnaître le rang qu'elle nous y donne.

Au lieu de reconnaître dans cette volonté la cause créatrice de l'autorité et de la législation, il m'a semblé que la volonté des peuples était naturellement soumise à l'autorité et enchaînée à la législation qui satisfaisaient aux intérêts nationaux, et que, loin d'être principe, elle subissait la loi d'une sage politique qui prenait ailleurs ses titres et ses garanties. Mais du moment où l'on combat un système (autant cependant que l'incapacité peut combattre le génie) pour le remplacer par un autre, il est bien difficile de se maintenir sur la ligne de l'impartialité. Toutes les idées se coordonnent avec la pensée principale qui a suggéré la discussion, sont pour ainsi dire l'œuvre de cette première pensée; et le jugement se laisse prévenir, parceque la mémoire et l'esprit lui fournissent plus d'arguments dans le sens du système que l'on soutient que dans le sens du système opposé. J'ai pu encore me laisser préoccuper par d'autres idées. Au reste, je développe ma pensée telle que je la trouve en moi, sans prétendre en expliquer l'origine. Ce sera au lecteur à juger si j'ai réussi dans mes efforts pour échapper à l'influence de la fausse position.

Sans talents et d'une instruction des plus ordinaires, mon travail présente nécessairement beaucoup d'incorrections, de lacunes et d'erreurs. Malgré son extrême imperfection, qui tient aussi au peu de temps que j'ai pu y consacrer, je le publie dans l'espérance qu'il se rencontrera quelques écrivains qui prendront la peine de le lire, de mieux développer mes principes s'ils sont bons, ou de les réfuter dans le cas contraire, de manière que la publication me sera toujours utile.

Cherchant à me former une opinion, et par conséquent à savoir quel est le meilleur gouvernement, j'aurais dû donner à mon ouvrage le titre de *Recherches* au lieu de celui de *Réflexions sur le meilleur gouvernement*; mais j'ai préféré le titre Réflexions, parcequ'il ne m'engage à rien.

RÉFLEXIONS

MEILLEUR GOUVERNEMENT.

CHAPITRE I.

DE LA RELIGION.

« L'on ne voit aucun état fondé, dit J.-J. Rousseau,
» qu'il n'ait la religion pour base. »

Avant de développer quelques réflexions sur le meilleur
gouvernement, il est donc nécessaire de parler de la
religion, qui doit lui servir d'appui.

Rien ici-bas ne peut nous satisfaire; quelque fortune
que nous ayons, de quelque dignité que nous soyons re-
vêtus, nous ne sommes jamais pleinement heureux, et
les faveurs de la fortune, même les dons de l'intelligence
et du génie, laissent toujours un grand vide à remplir.

C'est à cause de ce vide, c'est par le besoin qu'elle
éprouve pour d'autres biens,

Que l'âme se détache de cette terre et se porte vers les
cieux;

Qu'en contemplant l'univers elle s'élève jusqu'à son
principe moteur, source de toute puissance comme de
toute espérance;

Et qu'elle lui demande la possession d'un bonheur dont

elle a le pressentiment , et qu'elle ne saurait rencontrer dans ce monde.

Cette puissance de la pensée qui nous élève jusqu'à Dieu , ce besoin d'une autre vie , pourquoi les avons-nous ?

La philosophie répond :

« Dieu, en dotant l'homme de la pensée, et en donnant » surtout à cette pensée la faculté de s'élever jusqu'à lui, » a voulu que l'homme restât en relation avec son Créateur.

» D'un autre côté , de même que la société est néces- » saire (nous développerons cette vérité au 7e chapitre), est » la conséquence du besoin social que Dieu a mis dans le » cœur de tous les hommes; de même une autre vie doit » être la conséquence du besoin que Dieu leur en a donné. »

Si Dieu ne réservait aux hommes , après leur mort, que le sort des brutes, il était inutile de leur donner une pensée qui les élevât si haut ; un simple instinct, mesuré sur leurs besoins terrestres, aurait suffi pour conserver leur existence ; et la pensée de l'homme, renfermée dans ce cercle étroit, n'aurait pas présenté l'inconséquence d'une relation sans but entre l'homme et la Divinité.

Enfin si le besoin que Dieu a placé dans le cœur de l'homme pour une autre demeure que celle-ci, ne devait jamais être satisfait , la Divinité se serait plu à tenter et tromper ses créatures : ce que l'on ne peut dire sans blasphème.

La philosophie, par ces discours et mille autres, en-seigne bien une nouvelle vie, l'immortalité de l'âme ; mais, par ses éternelles controverses, par ses argumen-tations sans fin, elle détruit elle-même notre créance dans ces vérités consolantes, dans ces vérités nécessaires, pour ne plus laisser dans l'esprit qu'un doute affreux, le supplice de l'anxiété.

C'est de ce doute, de cette anxiété que la religion vient nous tirer.

Elle présente les titres de sa mission, puis proclame positivement :

Qu'une autre vie succédera à celle-ci ;

Que le bonheur vers lequel tous les hommes aspirent sera le prix de la vertu, la réalisation de ce bien-être dont ils sentent les prémices dans la pratique d'une bonne action, dans le témoignage d'une conscience pure ;

Et que de longues peines seront aussi le prix du crime, le prix des transgressions à la vertu, aux inspirations de la conscience.

Ainsi, dans les élans de l'homme vers le ciel, la religion s'empare de lui et fait son bonheur en le conduisant au terme de ses vœux.

Elle prépare aussi le bonheur social en donnant à la morale, à toutes les vertus sociales leur véritable sanction, en consacrant tous les principes sur lesquels l'édifice social doit se reposer, et sans lesquels il ne saurait subsister.

Sans la religion, sans la morale qu'elle sanctionne, combien les lois humaines seraient insuffisantes pour garantir la société!

La justice des hommes est seulement répressive des attentats contre la société; pour qu'elle punisse, il faut des preuves, des témoins ; et dans la solitude, ou par des trames ourdies avec adresse, l'homme dépravé peut impunément commettre tous les forfaits.

La religion est au contraire toute préventive; elle suit l'homme partout, jusque dans sa pensée, lui montre Dieu l'observant sans cesse; et, par ses exhortations, ses conseils, ses menaces, par cette justice divine qu'elle fait toujours planer sur lui, et à laquelle il est impossible d'échapper, non seulement elle prévient les crimes, mais elle en extirpe même jusqu'aux pensées les plus secrètes.

Si nous envisageons les inégalités de rangs, de fortunes, qui existent et sont inévitables dans la société, nous les voyons exciter la jalousie, l'avidité, la haine des dernières classes, provoquer des troubles, recéler des orages révolutionnaires. Pour les prévenir, la politique professe que le respect à l'autorité, aux propriétés, est dans l'intérêt de tous; que la conservation de l'ordre social conserve, protège tous les intérêts.

Combien la religion est plus puissante quand elle enseigne que cette vie n'est qu'un passage; que si les honneurs, les richesses procurent quelques avantages, ils rendent souvent les devoirs de la vie plus difficiles à remplir; et que les vrais biens sont dans la vertu, dans la voie qui conduit à l'éternité! Quelle source de résignation!

Mais la religion ne se borne point à consoler les malheureux par la perspective d'un meilleur avenir; elle crée la charité, elle inspire aux riches des sentiments de bienfaisance, les porte à secourir les pauvres, à partager avec eux une partie de leur fortune. Tout en faisant respecter le droit de propriété, l'un des premiers fondements de l'ordre social, elle procure des secours effectifs aux indigents; elle présente aux pauvres comme aux riches le ciel pour prix de leur résignation ou de léurs sacrifices, c'est-à-dire qu'après les avoir rendus heureux par la pratique de la vertu, elle augmente ce bonheur du plaisir de l'espérance.

Je ne m'arrêterai pas davantage sur la religion, sur sa nécessité pour la politique; il me suffit d'avoir reconnu cette nécessité. Je sens trop d'ailleurs mon insuffisance pour parler dignement sur un tel sujet.

CHAPITRE II.

IMPORTANCE DE L'HISTOIRE OU DE L'EXPÉRIENCE POUR LA
SCIENCE POLITIQUE.

Parceque depuis deux siècles la plupart des sciences ont fait d'immenses progrès, l'on a pensé que la science de la politique pouvait prendre le même essor.

L'on n'a point remarqué que ces sciences récemment agrandies étaient dans leur enfance, qu'elles reposaient sur des faits mal observés, mal connus, et que de nouveaux faits, des observations plus attentives, mûries par le génie, devaient nécessairement leur faire faire de grands progrès, et les fixer.

Par exemple, pour la physique, Aristote fut détrôné par Descartes, et Descartes lui-même par Newton.

Les systèmes d'Aristote et de Descartes se sont écroulés, parceque leurs bases étaient chimériques, n'étaient pas prises dans la nature.

La théorie de Newton éclairera tous les siècles, tout l'univers; elle sera un monument éternel de l'esprit humain, parceque les fondements de cette théorie sont aussi indestructibles que le monde.

Si les systèmes d'Aristote et de Descartes ont fait place à une science nouvelle, parceque leurs bases imaginaires ont été remplacées par des faits réels bien observés, il ne peut en être ainsi de la politique; car les faits, les bases sur lesquels reposent cette science n'ont pu et ne peuvent changer. Il s'agit toujours de contenir les hommes, leurs passions, dans les bornes de la justice; de conserver parmi eux l'ordre et la paix; de les aider à pourvoir à leurs besoins, à assurer leur bien-être; de les protéger dans l'exercice de leurs talents, de leur industrie; de leur enseigner, de leur faire pratiquer les préceptes de la morale; enfin, de les rendre et meilleurs et plus heureux.

Or la justice, la morale, les passions, les besoins natifs des hommes, sont toujours les mêmes; et les règles, les principes qui ont pu jadis leur assurer tous les avantages dont on vient de parler peuvent encore les leur garantir.

Seulement, la marche des siècles ayant fait avancer la civilisation, et créé de nouveaux besoins, ces besoins exigent de nouvelles combinaisons politiques. Mais ces combinaisons nouvelles ne sont que des accroissements, des corollaires de la science, dont le fond reste le même. Ce qui était bien au temps de Lycurgue, la monarchie, la division du pouvoir, etc., l'est encore aujourd'hui, et les écueils des temps passés sont encore à éviter.

En Crète, à Rome, en Angleterre, en France, Minos, Servius Tullius, Henri VII et Louis XVI agrandirent trop le pouvoir du peuple. Qu'est-il arrivé? En Crète, à Rome, en Angleterre, et en France, le trône fut renversé.

En lisant l'histoire, l'on est étonné de voir les peuples se tourmenter sans cesse pour créer de nouveaux modes de gouvernement, et pourtant, malgré la fécondité de leur génie, rester dans le même cercle, revenir même à leur point de départ.

Les plus anciens gouvernements furent monarchiques. Mais comme le pouvoir tend toujours au despotisme, les grands de la nation, qui furent les premières victimes de la tyrannie du prince, réunirent leurs efforts pour le renverser et s'emparer de l'autorité.

Parmi ces usurpateurs, les plus puissants cherchèrent à dominer seuls; car le pouvoir, pour changer de main, ne perd point sa tendance à vaincre les obstacles qu'il rencontre, à se rendre libre de toutes entraves, à régner sans partage.

Les plus puissants de la noblesse firent donc la guerre aux autres nobles, pour agrandir leur autorité, leur tyrannie.

Ces guerres, leurs désastres, la victoire des uns, la défaite des autres, et tout le poids de cette aristocratie, tyrannisante ou tyrannisée, porta sur le peuple, qui crut ne pouvoir mieux faire, pour secouer l'oppression et prévenir de pareils malheurs, que de changer le gouvernement et de s'emparer du pouvoir.

Mais l'on s'aperçut bientôt que l'exercice du pouvoir par le peuple avait aussi ses inconvénients, ses dangers, et que le despotisme populaire était encore plus insupportable que le despotisme aristocratique et monarchique. Dès lors l'on reconnut qu'il ne fallait point s'en tenir à aucune des formes simples de ces gouvernements, mais constituer un gouvernement mixte dans lequel l'on réunirait les avantages attachés à la forme de chacun des trois gouvernements monarchique, aristocratique et démocratique, en évitant, autant que possible, les inconvénients qu'ils présentent.

Les peuples créèrent donc des magistrats, mais seulement pour des temps limités, qui héritèrent d'une partie de la puissance des rois ; des sénats qui conservèrent une partie du pouvoir qu'avait exercé l'aristocratie ; et le peuple se maintint dans l'exercice d'une portion de la puissance souveraine. Le pouvoir fut ainsi divisé pour que ses fractions pussent se contenir l'une par l'autre, et détruire toute propension despotique.

Tel était le fond du gouvernement de Crète, de Sparte, d'Athènes, de Thèbes ; de Carthage, de Rome, des républiques d'Italie, etc. Mais Sparte, qui, en adoptant la division du pouvoir, avait conservé la royauté héréditaire, fut considérée par toute l'antiquité comme ayant le plus parfait gouvernement.

Sommes-nous beaucoup plus avancés aujourd'hui, et n'est-ce pas sur le même fond que les gouvernements se reposent ou tendent à se reposer, toutefois sous les auspices du pouvoir royal héréditaire, pouvoir dont l'absence dans les gouvernements que je viens de citer (sauf Sparte) fut la principale cause de leur peu de durée ?

L'idée du gouvernement représentatif n'a même rien de neuf ; nous voyons que toutes les villes de la Grèce envoyaient au conseil des amphictyons, à ce tribunal suprême de tout le pays, des députés pour les représenter, pour soutenir, défendre leurs intérêts.

Si, pour le gouvernement intérieur de chaque république, à Sparte, à Thèbes, à Athènes, l'on n'a point introduit le gouvernement représentatif, c'est parceque tout le peuple, pouvant facilement se transporter au forum, et traiter lui-même ses affaires, n'avait pas besoin de représentants.

Dans nos états modernes, en adoptant le même principe de gouvernement, l'on ne pouvait faire voyager des villes, des provinces entières, pour les réunir sur une même place et y débattre leurs intérêts. Il fallut donc imiter les Grecs, quant à leurs députations au conseil des amphictyons.

Puisque la politique a toujours à se baser sur les passions, les besoins des hommes, qui sont les mêmes dans tous les temps; puisque les principes jadis d'une heureuse application peuvent l'être encore aujourd'hui, et les dangers des temps passés être encore des dangers pour les temps actuels, l'on peut dire que ce qui constitue principalement la science de la politique est la science des temps; la science de tous les événements heureux et malheureux qui ont régi le monde, des causes qui ont le plus influé sur la puissance, la gloire, le bonheur des peuples, et la durée de leur empire, des faux systèmes qui ont fait peser sur les nations toutes sortes de calamités et les ont détruites; en un mot, que la science de la politique est la science de l'histoire, de l'expérience.

Ce n'est pas qu'il faille s'attacher servilement, se borner à ce qui a été fait; l'esprit humain s'agrandissant, se perfectionnant chaque jour, nous devons mieux faire que nos pères, parcequ'aux lumières des temps qui nous ont précédés nous pouvons joindre nos propres lumières, augmenter le foyer, faire faire des progrès à nos connaissances, à nos institutions; et c'est en ce sens qu'il faut marcher avec le siècle. Mais dédaigner le passé et les leçons qu'il nous donne, comme l'ont fait messieurs de la révolution, tout changer, tout détruire, pour tout refaire sur des bases non consacrées par l'expérience, ce n'est plus marcher avec le siècle, mais remonter au premier âge, au berceau du monde, à ces temps d'ignorance où tous les hommes sans expérience devaient tout apprendre au prix du malheur ; c'est compromettre tous les bienfaits de la civilisation, renoncer à l'héritage des siècles.

Il est beau sans doute, guidé par des vues philanthropiques, de chercher, dans des spéculations nouvelles, à perfectionner l'ordre social, à écarter des peuples les malheurs, la misère qui les assiégent si souvent, à leur créer de nouvelles sources de bien-être.

Mais il faut toujours que ces spéculations politiques soient peu hasardées, parcequ'on ne peut mettre au hasard le sort des peuples, et qu'elles ne cessent jamais d'être justiciables de l'expérience, parceque, sur les différents essais qu'on peut tenter, c'est encore l'expérience qu'il faut consulter.

L'expérience est la raison suprême, l'autorité en dernier ressort. Ce qu'elle approuve est bien, ce qu'elle condamne est mal, indépendamment de toutes subtilités sophistiques; et il faut que l'on soit toujours prêt à abandonner tout système, toute prétendue théorie que l'expérience signale comme fausse, dangereuse ou impraticable, et qu'elle proscrit.

L'on a répété souvent que telle doctrine était juste, admirable en théorie, mais qu'elle n'était point praticable. Il y a là une erreur, un contre-sens.

L'on ne conçoit pas comment une théorie peut être juste, et n'être point praticable.

Une théorie n'est point une collection de préceptes dictés arbitrairement par un législateur, sauf à l'expérience à s'en arranger, à s'y soumettre : toute théorie ainsi composée ne serait qu'un roman. Une véritable théorie est le produit de l'expérience, ses leçons mises en préceptes.

Une théorie n'est point mère, mais fille de l'expérience. C'est par l'expérience qu'elle est fondée, c'est de l'expérience qu'elle tient tous ses titres ; et pour tous ses préceptes, c'est l'expérience qui ordonne, statue, et jamais l'imagination fantasque ou la volonté arbitraire d'un législateur.

Si, pour établir des préceptes, des lois, composer des théories, il suffisait de recueillir les inspirations d'un législateur, l'on ne verrait point chaque législation se greffer, pour ainsi dire, sur une législation plus ancienne, et aller prendre sa source et son autorité dans les premiers âges du monde.

Notre législation civile, par exemple, est la reproduction des lois de Justinien, avec les modifications et perfectionnements indiqués par l'expérience.

Les lois de Justinien étaient aussi la reproduction de celles des douze Tables, qui avaient été elles-mêmes calquées sur les lois des Grecs, et ces dernières sur celles de Crète et d'Égypte, etc.

Pourquoi donc remonter si haut ? pourquoi tant de recherches, tant de soins ? c'est parceque les passions, les besoins des hommes étant les mêmes dans tous les temps, le législateur ayant toujours à agir sur le même fond, les lois produites, éprouvées par le temps, sont toujours préférables aux plus belles spéculations législatives.

Notre charte elle-même n'émane sûrement point d'une volonté arbitraire. Quelles sont les lois politiques qui conviennent aux Français? quelles sont les lois politiques qui peuvent mieux assurer leur bonheur? voilà toute la question, et il est bien clair que la réponse à cette question ne dépend point de la volonté du prince. C'est son intelligence, sa haute intelligence, qui jette ses regards sur l'histoire de la France et de tous les autres peuples; interroge tous les siècles, tous les âges; distingue ce qui peut s'adapter au temps actuel, au génie, aux besoins des Français, ce qui peut leur convenir, les rendre heureux, et l'insère dans la charte. Aussi ces lois tirent moins leur force de la volonté du prince que de leur convenance. Si ces lois étaient draconiennes, si elles compromettaient nos droits, nos intérêts, notre bonheur, non seulement l'autorité du législateur, mais l'autorité de tous les princes de la terre, ne pourrait leur faire prendre racine.

La constitution anglaise, cet admirable monument de législation, si bien adapté aux inclinations, au caractère, au génie des peuples, est l'œuvre du temps plutôt que du législateur. C'est vers le treizième siècle qu'elle commença à s'établir, par la concession de la grande charte, et ce n'est que dans le dix-huitième siècle, sous la maison de Brunswick, que, mûrie par le temps et l'expérience, et perfectionnée par des réformes continuelles, elle parvint à ce degré de stabilité qui fixe invariablement le pouvoir dans ses véritables limites, et assure à jamais la prospérité, la gloire, le bonheur de la nation.

Il est donc évident qu'en politique (et cette vérité s'applique d'ailleurs à toutes les autres sciences, même aux arts), toute théorie n'est autre chose que les leçons de l'expérience mises en préceptes. Pour peu que nous réfléchissions sur nous-mêmes, nous nous convaincrons que nous ne pouvons rien connaître que par l'expérience; que c'est l'expérience qui forme les hommes, qui forme les peuples, qui consacre toutes les institutions; que c'est par l'expérience que la civilisation marche; que nous valons mieux que nos ancêtres; que nos neveux vaudront mieux que nous; que l'expérience est la reine du monde; qu'expérience et sagesse sont une même chose; qu'on est d'autant plus sage qu'on tient plus compte de l'expérience, et d'autant plus insensé qu'on la néglige davantage.

« L'on m'accuse, disait M. Burke, de porter sur la con-
» stitution française un jugement avant l'expérience; et
» c'est précisément l'expérience que j'invoque contre elle,
» mais l'expérience de tous les siècles, de tous les peuples,
» et celle surtout de mon pays. Quel guide plus sûr
» pouvais-je me proposer pour confondre la doctrine
» de ces législateurs nés d'hier, et qui, désavouant avec
» mépris tout rapport, toute conformité avec les légis-
» lations anciennes et même avec la nôtre, déclarent qu'il
» faut tout changer, puisque tout est à renouveler, puis-
» que rien n'est à sa place dans l'ordre social. Tant de
» monstrueuses innovations, on nous les présente comme
» des vérités absolues. Dans l'ordre politique, les vérités

» absolues sont les trésors que Dieu s'est réservés, et
» qu'il ne nous communique pas. Que nous a-t-il laissé
» pour nous conduire dans l'ordre social ? l'expérience.
» Quoi! je l'entendrai perpétuellement invoquer cette
» expérience, dans les sciences naturelles et physiques ;
» on reconnaîtra de toutes parts qu'elle seule nous a donné
» les plus belles découvertes, et nous la laisserons bannir
» des sciences morales, son premier, son éternel domaine! »

De grands publicistes ne sont point exempts du reproche de ne pas tenir assez compte de l'expérience, de
ne point assez envisager dans les principes qu'ils pro-
fessent les suites de leur application, et de sacrifier souvent à la rigueur de leur doctrine le véritable intérêt, le
bonheur des peuples.

Locke, Sidney et beaucoup d'autres publicistes enseignent très bien que le pouvoir est destiné à protéger
les peuples, à faire leur bonheur, et que les princes qui
font servir leur puissance à d'autres fins, ou qui lui donnent plus d'extension que ces fins n'exigent, exercent
un pouvoir usurpé, illégitime.

Ce sont là des principes de la plus simple logique :
suivons maintenant les conséquences qu'ils en tirent. Lorsque de simples citoyens exercent, au préjudice de la société, des droits qu'ils n'ont point, ou qui excèdent ceux
qui leur appartiennent, ils sont justiciables des tribunaux,
qui les font rentrer dans l'ordre et les punissent. Mais
dans la société il n'existe point de tribunaux qui aient
la puissance de rappeler les rois à leurs devoirs, de
les punir de leurs usurpations. Alors, disent ces messieurs, il faut que les peuples, comme Jephté, en appellent

au ciel : les peuples doivent prendre les armes pour soumettre leurs princes à la justice.

. Eh ! messieurs, vous oubliez que le gouvernement est
institué pour prévenir des troubles, les guerres civiles, et
que, si pour l'honneur de vos principes vous excitez les
peuples à la révolte, si vous leur mettez les armes à la
main, vous arrivez à une fin diamétralement opposée à
l'institution du gouvernement, vous tombez dans une
politique contradictoire et fausse.

Sûrement il est fâcheux qu'un prince abuse de son
pouvoir ; mais dans cette occurrence, plutôt que de vous
concentrer dans vos principes, il faut voir quels plus
grands maux résulteront pour les peuples, ou de résister
au prince, de lui faire la guerre, ou de faire quelque concession sur des maximes dont une rigoureuse application
serait trop sévère, et de se résigner à des abus passagers
qui certes sont un grand mal, mais dont le remède paraît
si funeste.

Dans la guerre que vous voulez entreprendre contre
le prince, si vous succombez, le prince tiendra la nation
sous un joug plus dur qu'auparavant, pour l'empêcher
de remuer désormais ; si vous triomphez, si vous ren-
versez le trône, vous rompez en même temps tous
les liens du corps social, vous tombez dans l'anarchie, dans un état de guerre où chacun est esclave de
tous ceux qui sont plus forts que lui, où chaque particulier devient tyran, où la tyrannie se multiplie à l'infini, jusqu'au moment où quelque soldat habile écrasera,
sous la force de ses coups, tous les tyrans comme tous les
peuples

Puisque cette guerre ne présente que des calamités pour la nation, l'intérêt des peuples proscrit évidemment votre doctrine, qui ne pourra jamais être un principe de conduite en politique.

Mais les auteurs théoriques transigent difficilement sur leurs principes; ils veulent toujours les faire prévaloir, bien différents, sur ce point, des hommes d'état, qui s'attachent principalement à l'expérience, et lui sacrifient, au besoin, tous les principes dont elle condamne l'application.

Je vais citer un exemple.

Dans nos lois civiles, lorsqu'un père se trouve opposé d'intérêt avec ses enfants, le législateur donne aux enfants un tuteur particulier, parcequ'il présume que, malgré la sollicitude, l'attachement d'un père pour ses enfants, ses intérêts personnels pourraient l'aveugler et compromettre les intérêts de ses enfants.

D'après ce principe, aussi juste que sage, un fonctionnaire public, qui tient ses emplois, souvent sa fortune du gouvernement, ne devrait point être admis à représenter le peuple à la chambre des députés : car, toujours lié d'intérêt avec le trône, il se trouve opposé d'intérêt avec le peuple, et l'on ne peut se persuader qu'il aura pour le peuple plus de sollicitude, plus d'attachement qu'un père pour ses enfants, qu'il saura mieux se dépouiller du sentiment de ses propres intérêts, pour soutenir ceux de ses adversaires.

Mais l'expérience fait voir

Qu'un collége, ou qu'une assemblée d'hommes populaires prenant part au gouvernement serait trop puis-

sante, et qu'elle envahirait bientôt tous les pouvoirs pour
tout détruire, si l'esprit démocratique de ce collége ou
de cette assemblée n'était tempéré par l'influence salutaire d'une partie de ses propres membres unis au gouvernement.

A Rome le simple collége des tribuns, en parlant au
nom du peuple, était devenu si puissant, que le sénat,
pour n'être point envahi par cette puissance, ne trouva
point de meilleurs moyens que de tempérer, paralyser
le tribunat par le tribunat même, en mettant, dans l'intérêt du sénat comme dans l'intérêt de la république,
quelque tribun dont l'opposition arrêtait les projets trop
violents des autres tribuns.

Mais lorsque Tiberius Gracchus eut donné le malheureux exemple de faire déposer par le peuple les tribuns
opposants, cette barrière rompue, la puissance du tribunat et du peuple ne connut plus de bornes, régna sans
partage, et périt bientôt par ses excès, en entraînant la
république dans sa ruine.

En Angleterre, la chambre des communes, sous Charles Ier, s'empara aussi du gouvernement, et précipita la
nation dans l'abîme.

Nos assemblées constituante et législative firent éprouver
pareil sort à la France.

Ces assemblées de représentants du peuple, en France,
en Angleterre, comme à Rome, ne devinrent aussi en-
vahissantes et désorganisatrices que lorsque l'influence
salutaire du gouvernement, par ses fonctionnaires, ou des
hommes unis avec lui, ne s'y fit plus ou point assez
sentir.

Instruits par ces grandes leçons de l'expérience, nos hommes d'état ont ouvert aux fonctionnaires publics la chambre des députés, bien que leur entrée dans cette chambre soit contraire aux principes.

En bonne règle, il ne devrait y avoir que des hommes d'état qui se permissent de raisonner et d'écrire sur la politique. Ces messieurs trouvent, dans leur propre expérience, une seconde logique que rien ne peut suppléer. D'ailleurs ils ne sont point condamnés, comme les hommes étrangers aux affaires publiques, à raisonner sur des dehors souvent trompeurs. Connaissant les causes, tous les entours de ce qu'ils voient, ils peuvent mieux juger, tirer plus de fruit de leurs réflexions, et sont moins exposés à l'erreur. Quels avantages pour nous instruire!

Cependant les hommes d'état ont peu écrit, et les regrets qu'exprimait Aristote, on peut encore les exprimer aujourd'hui.

D'où vient ce silence de leur part?

Serait-ce parceque la politique des livres ne peut ressembler à celle des affaires, parcequ'il est impossible de communiquer au papier cet art, cette habileté profonde, cette âme de la politique qui lui fait faire de si grandes choses, qui lui a fait changer plusieurs fois la face du monde, et a mis l'univers aux pieds du sénat romain, en jetant les peuples, par ces grands spectacles, dans un tel étonnement, qu'ils n'ont pu expliquer ce prodigieux effet de la politique que par les décrets de la Providence?

Serait-ce par l'impuissance où se trouvent fréquemment les hommes d'état d'appuyer leurs mesures sur des principes fixes, ou plutôt parceque ces mesures sont souvent

en opposition avec les principes, comme dans l'exemple
que nous venons de citer?

Serait-ce enfin parceque, parmi les moyens dont se
sert la politique, il y en a qui ne peuvent être avoués?

Ah, écartons cette dernière idée!

Si Machiavel nous a montré les infernales manœuvres
de quelques princes, ce n'est point là de la politique;
mais le miroir où la corruption de quelques hommes doit
faire sur tous les hommes d'état l'impression que rece-
vaient les jeunes Spartiates à la vue de leurs esclaves
plongés dans l'ivresse.

Soyons convaincus qu'en politique comme dans le civil,
le crime est toujours crime, et la justice toujours une.
Y a-t-il deux soleils? a-t-on deux consciences? Et comment pourrait-il y avoir deux justices : celle de l'homme
d'état, et celle du simple citoyen? Cette odieuse politique
à partie double, où une partie seulement était publique,
et l'autre ensevelie dans les secrets de l'état, a pu être
suivie quelquefois dans des temps de ténèbres; mais les
progrès des lumières doivent la faire disparaître, surtout
dans les gouvernements représentatifs, où, tout étant public, la politique doit agir cartes sur table.

Si, comme je le pense, la réserve des hommes d'état pour
écrire vient de la difficulté de faire passer dans des livres
tout le secret de leurs talents, des ressorts de la politique
pratique, quelle circonspection ne doivent point avoir les
hommes étrangers aux affaires publiques! Ce n'est qu'en
s'appuyant sur des faits, l'expérience des siècles, qu'ils
peuvent se hasarder à faire quelques pas dans une carrière aussi difficile à parcourir.

Pourtant, comme tous les faits historiques réunis dans un même livre n'instruiraient pas beaucoup sans l'enchaînement des causes qui les ont produits, et que ces causes nous sont mal connues, il ne faut pas seulement raisonner d'après des faits qui ne feraient point assez jaillir de lumière, mais partir de certaines inductions logiques, sauf à les appuyer par des faits historiques, de manière à s'avancer toujours sous les auspices de l'expérience et de la raison.

Cherchant à faire connaître le prix qu'on doit attacher pour la politique aux leçons du temps, la nécessité de s'appuyer sur l'expérience, sans cependant négliger les avantages que peuvent présenter des spéculations nouvelles;

Cherchant à distinguer cette politique pratique qu'on trouve dans l'histoire, dans les écrits des hommes d'état, de cette politique à système qui ne repose que sur des spéculations de l'esprit, sans pouvoir recevoir jamais d'application;

Ce serait le cas, ce semble, de parler de cette souveraineté populaire qu'on voulait établir sur la ruine de tous les gouvernements; de faire voir combien cette prétention était chimérique; combien, dans son dédain pour l'expérience, elle était dangereuse, impolitique, et combien nous devons être prévenus contre ces spéculations qui, en méprisant l'autorité du temps, en éprouvent infailliblement la vengeance. Mais étant forcé, dans le cours de mes discussions sur le meilleur gouvernement, de traiter spécialement cette thèse, je m'abstiendrai d'en rien dire ici.

Je me suis un peu étendu sur l'importance de l'histoire et de l'expérience pour la politique, parceque j'ai besoin d'étayer le titre sur lequel je me fonde pour me permettre de raisonner politique, et de le défendre d'ailleurs contre ces auteurs qui prétendent qu'il faut changer de politique comme de calendrier.

———

CHAPITRE III.

LE GOUVERNEMENT MONARCHIQUE EST LE MEILLEUR DES
GOUVERNEMENTS, CONSIDÉRÉS DANS LEUR EXISTENCE
SIMPLE.

Je vais seulement envisager les gouvernements monarchique, aristocratique et démocratique.

Quant au gouvernement despotique, je ne m'en occu-
perai point, parceque ce gouvernement n'étant guère que
l'abus de celui monarchique, il ne peut entrer dans la
classe des gouvernements réguliers.

Le but de tout gouvernement est toujours de maintenir l'ordre, d'encourager l'industrie et le commerce,
de faire fleurir les sciences et les arts, de perfectionner la
civilisation, enfin de rendre les hommes meilleurs et plus
heureux. Nous allons voir que le gouvernement monarchique est celui qui atteint mieux ce but, et qu'il est par
conséquent le meilleur des gouvernements, envisagés dans
leur existence simple.

Dans le gouvernement il faut considérer,

Et les hommes appelés à le diriger,

Et les avantages ainsi que les inconvénients ressortant
de la forme du gouvernement et de son action.

§ 1.

DES HOMMES APPELÉS A DIRIGER LE GOUVERNEMENT.

Tous les hommes sont à peu près faits de la même
sorte, tous ont à peu près les mêmes facultés, les mêmes

passions, les mêmes besoins, les mêmes faiblesses. Il n'y a de différence entre eux que par·la différence de leur éducation et de leurs positions sociales.

De l'Éducation.

L'éducation du peuple (je parle seulement des·premières classes ; les dernières, qui ne reçoivent aucune éducation et n'ont d'ailleurs aucune importance dans la société, ne sont jamais comptées pour l'exercice du pouvoir politique), l'éducation du peuple, dis-je, est toute financière. Il faut exercer un état, augmenter sa fortune, assurer un sort à ses enfants; et toutes les vues du peuple se portant de ce côté, il n'a ni la capacité ni le loisir nécessaires pour s'élever à la hauteur de la politique.

Le prince, au contraire, est instruit pour commander, pour tenir le gouvernail de l'état, et toutes ses études sont dirigées vers ce but ; on l'habitue de bonne heure à voir les choses de haut, en grand, à embrasser, à traiter dans leur ensemble tous les intérêts, tous les besoins des peuples.

Si donc le peuple, la démocratie, est appelée à gouverner, comme elle n'est point assez éclairée, comme le plus souvent les affaires qu'il s'agira de traiter seront au-dessus de sa portée, comme elle aura d'ailleurs à prononcer sur des matières qu'elle n'aura pas eu le loisir de méditer, qui n'auront pu occuper la pensée que d'un petit nombre; comme enfin elle est de sa nature toujours fort irréfléchie; elle jugera avec précipitation, en aveugle : l'éloquence du premier orateur la fera donner tête baissée dans les affaires les plus épineuses, les plus graves, et le sort de l'état sera subordonné à la capacité plus ou moins grande de l'orateur, sera à la merci de sa probité ou de son infidélité.

Si c'est le prince qui tient les rênes de l'état, elles seront nécessairement en meilleures mains, puisque le prince, en les dirigeant, fera son métier, parcourra la carrière pour laquelle il se sera exercé dès son enfance. Il pourra d'ailleurs réfléchir à loisir aux affaires importantes, méditer avant d'agir; et, éclairé de son conseil, des hommes d'une capacité, d'une probité bien reconnues, il aura évidemment dans toutes les grandes affaires, les décisions importantes, un immense avantage sur cette turbulente démocratie gouvernée par les passions de ses orateurs.

Il n'est pas aussi facile de montrer que, sous le rapport des lumières, de la sagesse, le prince, soutenu de son conseil, l'emporte sur l'aristocratie, sur la réunion des personnages les plus distingués de l'empire.

Bien que les grands talents qui peuvent décorer l'aristocratie dans les sciences, les arts et les lettres, ne soient pas précisément des titres pour le gouvernement des affaires publiques;

Bien que dans l'aristocratie il soit difficile de trouver beaucoup de personnages dont toutes les études et toutes les méditations aient été, comme celles du prince, dirigées directement vers la politique;

Bien qu'un grand nombre de citoyens ne puissent connaître comme le prince, et les affaires intérieures de l'empire, et celles du dehors, le caractère des princes et ministres étrangers, leur politique, leurs forces, leurs

ressources, etc., et par conséquent être aussi à portée
que le prince de bien peser toutes choses et de bien asseoir leurs délibérations ;

Je n'ose avancer que les délibérations du prince avec
son conseil seront plus éclairées et mériteront plus de
confiance que celles d'une assemblée aristocratique, d'un
sénat.

Si le gouvernement du prince est préférable à celui de
l'aristocratie, c'est par d'autres côtés, que nous allons
tout à l'heure envisager et apprécier.

Des positions sociales.

La différence des positions sociales fait que tous les
hommes, avec les mêmes passions, le même entraînement
vers leur bien-être, se portent cependant sur des objets
différents. Le citoyen pauvre cherche à amasser des richesses ; le riche vise aux honneurs ; et le prince qui,
par son rang, jouit des plus grandes richesses, des plus
grands honneurs possibles, cherche à acquérir de la
gloire.

La même différence des positions sociales en produit
une fort grande quant aux barrières qui peuvent contenir
l'exercice du pouvoir dans de certaines bornes, en prévenir les excès.

De là vient que, toutes choses fussent-elles égales d'ailleurs, le pouvoir sera mieux placé dans telles mains que
dans telles autres.

Si c'est la démocratie qui exerce le pouvoir, dans le
civil comme dans l'armée, elle envahira tous les emplois.

D'abord parceque chacun de ces modestes citoyens ayant peu de fortune, ayant pour ainsi dire son sort à faire, aura besoin de fonctions lucratives pour se créer une existence; ensuite parceque les grands qui jouissent toujours, par leurs richesses et leurs positions, dans l'état d'une grande influence, étant toujours prêts à se saisir du pouvoir, la démocratie, pour le conserver, sentira la nécessité d'en exclure l'aristocratie, comme cela est arrivé dans notre révolution, dans plusieurs républiques d'Italie, particulièrement à Florence, où les noms de tous les nobles étaient consignés dans un registre d'exclusion (1).

Il arrivera de là :

Que les choses ne seront point à leurs places, que les premiers citoyens de la nation, ceux qui, par leurs fortunes, ont le plus d'intérêt à la conservation de l'état, au maintien de l'ordre, ne prendront aucune part dans les affaires publiques, et que la patrie, privée de leur appui, sera aussi privée de leurs talents, de leurs lumières;

Que les emplois publics, étant envisagés principalement sous le rapport financier, seront remplis moins honora-

---

(1) L'on a cité souvent les choix que le peuple d'Athènes et de Rome faisait parmi l'aristocratie. « Quoique, par la loi d'Aristide, toutes les classes d'Athènes » fussent admises à la magistrature, il n'arriva jamais (dit Xénophon) au bas » peuple de prétendre à celles qui pouvaient compromettre son talent ou sa » gloire, et à Rome il ne pouvait se résoudre à élever des plébéiens. »

L'on peut remarquer que le peuple n'avait cette réserve que pour les premières places de l'état, qui d'ailleurs n'étaient qu'honorifiques.

« Quand les charges, à Athènes, furent devenues lucratives, dit Aristote, » tout le peuple se les arracha; il semblait qu'elles avaient la vertu de guérir » du marasme ou de rendre l'embonpoint. »

blement, moins avantageusement pour l'état, que s'ils
avaient été brigués pour l'honneur et la considération qui
y sont attachés.

Enfin que le fisc et tous les deniers publics, cette
partie si délicate de l'administration, qui valut à Caton de
si grands éloges, étant dans les mains des citoyens qui
en ont le plus besoin, seront susceptibles d'être moins
respectés.

« Il faut dans le gouvernement, dit Aristote, des gens
» libres et qui aient de la fortune pour bien soutenir les
» charges; il n'est pas possible qu'un état subsiste tout
» composé de pauvres. »

Ainsi la démocratie, en suivant dans son règne le sentiment de son intérêt, la passion commune du bien-être,
se trouvera exercer cette passion au détriment de l'état.

D'un autre côté la position de la démocratie, qui la rend
déjà envahissante, exclusive, lui ôte encore toute espèce de
frein dans la conduite du gouvernement: elle n'a aucune mesure à garder, aucune responsabilité; car, formant la majorité de la nation, elle n'est comptable qu'envers elle-même,
elle ne rencontrera jamais aucune résistance effective qui
puisse la contenir dans de justes bornes, puisqu'elle possède
tout à la fois le pouvoir et la puissance réelle; avec cet excès
de puissance, elle bouleversera l'état, l'exposera continuellement à des secousses, des guerres civiles; parceque,
capricieuse et légère comme elle l'est, elle ne saura se
fixer à rien : elle détruira les lois les plus anciennes, les
mieux éprouvées par le temps, pour y substituer l'œuvre
de son inexpérience; elle détruira le lendemain son ouvrage
de la veille; elle ira toujours d'inconséquence en inconsé-

quence, sans jamais suivre d'autres plans, d'autres maximes que son impétueuse et aveugle volonté.

Si c'est l'aristocratie qui est investie du pouvoir,
comme elle possède les plus grandes fortunes de l'état,
son ambition s'attachera principalement aux honneurs :
elle abandonnera au peuple beaucoup d'emplois lucratifs,
et se bornera dans l'armée aux grades supérieurs; elle laissera partout le peuple aborder. Son but sera de conserver
la puissance.; elle ne barrera le peuple que pour les emplois trop influents.

Les choses de cette sorte seront mieux dans leur ordre,
puisque les citoyens les plus intéressés aux affaires de
l'état et les plus éclairés y prendront la principale part,
puisque le peuple, qui a pour son domaine le commerce
et l'industrie, pourra néanmoins voir un grand nombre
de ses membres s'élever par leurs richesses ou se faire jour
par leurs talents, et que chacun sera ainsi casé plus conve-
nablement pour le maintien de la tranquillité publique, et
par suite pour ses intérêts particuliers et ceux de la
patrie.

D'ailleurs les emplois publics, étant envisagés par l'aristocratie principalement sous les rapports honorifiques,
sous le rapport de la considération, de l'influence qu'ils
procurent, devront être exercés avec plus de dignité et
plus utilement pour l'état.

C'était par le besoin de considération, de ce sentiment
si délicieux pour une ame bien née, que nos anciens
magistrats des cours souveraines non seulement se dé-
vouaient gratuitement à l'exercice de fonctions laborieuses,
mais encore payaient fort cher l'honneur de rendre la

justice : l'on pense bien que pour aspirer à une pareille considération il fallait avoir table mise.

Enfin l'aristocratie, par ses richesses personnelles, n'aura point à songer à se faire une existence aux dépens du fisc, et les deniers publics dans ses mains devront être mieux administrés.

« Les riches, dit encore Aristote, sont moins exposés à » la tentation de mal faire, ayant par-devers eux ce qui » tente les autres ; de là vient qu'on les qualifie de gentils- » hommes, de notables, d'honnêtes gens. »

Lorsque les généraux romains rentraient en triomphe dans Rome chargés des dépouilles et des trésors des rois vaincus, le sénat faisait toujours déposer scrupuleusement ces richesses dans le trésor public, pour être employées aux besoins du peuple, sans s'en approprier la moindre partie. Le sénat se contentait des honneurs dont il jouissait.

L'on voit que, par sa position, l'aristocratie, en obéissant comme la démocratie au sentiment de son intérêt, de son bien-être, se trouvera pourtant mieux agir dans l'intérêt de la patrie.

Mais elle s'y trouvera particulièrement engagée par le seul aspect de la démocratie.

L'aristocratie, toujours en face de la puissance jalouse et observative du peuple, pour se maintenir, reconnaîtra qu'il ne faut pas qu'elle se livre à ses caprices, qu'elle fasse peser sur le peuple une puissance tyrannique, qu'elle rende sa condition si fâcheuse qu'elle puisse l'entraîner à la révolte, à se saisir du pouvoir. Par cette perspective, l'aristocratie sera contenue ; elle sera obligée, dans son règne, de garder certaines mesures, de s'appuyer sur un fond de justice, de modération, qui pourra seul lui conserver l'empire.

ENFIN SI C'EST LE PRINCE qui dirige le gouvernement, jouissant par sa position de tous les avantages de la fortune et du pouvoir, il n'aura pas besoin d'envahir, de faire des exclusions ; et chaque membre, chaque classe de la nation pourra mieux jouir de ses droits, arriver à son rang ; toutes choses pourront mieux se mettre dans leur ordre naturel, sans qu'il puisse y avoir obstacle de la part du prince ; ou plutôt le prince, le premier et le plus riche citoyen de l'état, le plus intéressé à sa conservation, sera aussi le plus intéressé à ce que dans l'état tout se coordonne, soit en harmonie, marche de concert ; et de cette manière tous les intérêts se confondront.

D'une autre part, le prince, tourmenté ainsi que tous les autres hommes par le besoin de son bien-être, d'en agrandir la sphère, pourra exercer cette passion, non, comme la démocratie, au détriment de l'état, ou, comme l'aristocratie, en froissant certains intérêts du peuple, mais en faisant des heureux, en gouvernant ses peuples par la justice, en faisant observer strictement les lois, en encourageant l'industrie, en faisant fleurir les sciences et les arts ; enfin, en faisant jouir ses peuples de beaucoup de prospérité, d'une grande gloire, gloire qui rejaillira nécessairement sur le prince, et le comblera des plus hautes faveurs qu'un simple mortel puisse obtenir sur cette terre.

Si le prince, au lieu d'être animé par ces nobles sentiments, venait à méconnaître ses devoirs de gouvernant, les véritables voies de son bien-être ; s'il s'avisait de vouloir fouler aux pieds les intérêts de ses sujets, se jouer de leurs besoins, de leur détresse, le sentiment de sa sûreté, de sa propre conservation, le ramènerait bientôt à un gouvernement moins tyrannique, plus modéré, plus sage; car il aurait à craindre que, poussés par ses excès, les peuples ne vinssent à se révolter, à lui arracher l'empire, à mettre le tyran dans de grands dangers; et comme sa puissance réelle est beaucoup moindre que celle de l'aristocratie, et qu'il a toujours en face et l'aristocratie et le peuple, c'est-à-dire toute la nation, il sera encore mieux contenu que l'aristocratie dans de justes bornes par la perspective des suites qu'auraient ses excès, de leur réaction sur lui-même.

EN RÉSUMÉ, le sentiment de notre bien-être, que chacun porte dans le cœur, tournera dans la démocratie au détriment de l'état, fera mieux agir l'aristocratie dans l'intérêt national, et se développera dans le prince, s'exercera pour la prospérité, le bonheur de toute la nation.

D'un autre côté, la démocratie, si inconséquente et légère, et qui aurait tant besoin de frein dans l'exercice du pouvoir, par sa position sociale n'en aura aucun; l'aristocratie sera contenue dans de certaines bornes par la puissance du peuple, et le prince par la nation tout entière.

D'après ces considérations, et encore d'après ce que nous avons expliqué, au commencement de ce paragraphe, sur la supériorité de l'éducation et des lumières du prince, et dans le chapitre précédent sur la tendance du pouvoir vers le despotisme, l'on peut conclure, je crois, que le gouvernail de l'état sera mieux placé dans les mains de l'aristocratie que dans celles de la démocratie, et beaucoup mieux dans celles du prince que dans les mains de l'aristocratie.

L'on se convaincra de cette vérité en étudiant le règne
de la démocratie en France, en Angleterre, en Italie, à
Rome dans les derniers temps de la république, et à
Athènes après la mort de Périclès.

Le règne de l'aristocratie à Carthage, avant la deuxième
guerre punique; à Rome, avant la chute de Carthage; à
Venise, etc.; et le règne des princes par toute la terre.

Quant aux principales objections qui peuvent être
faites sur ces divers points, elles seront produites et l'on
y répondra dans le paragraphe suivant.

§ 2.

AVANTAGES ET INCONVÉNIENTS RESSORTANT DE LA FORME DU GOUVERNEMENT ET DE SON ACTION.

Avantages.

GOUVERNEMENT MONARCHIQUE. Le secret dans les affaires,
la célérité dans les mesures, la promptitude dans l'exécution, la concentration des forces de tout l'empire, qui en
augmente l'intensité, l'œil du maître qui voit tout, main-
tient partout la paix, la tranquillité; enfin, le bras du
prince qui anime, fait mouvoir seul tous les ressorts de la
machine politique, les fait concourir à un but commun,
à la défense de la patrie, à sa gloire, à sa prospérité; tous
ces points forment, ce semble, les principaux avantages
du gouvernement monarchique.

Ces avantages en préparent d'autres dont les peuples
sentent plus immédiatement le prix.

Ce n'est que lorsqu'ils sont tranquilles, et à l'abri des
dissensions, des guerres intestines, qu'ils peuvent jouir
d'une sage liberté, en recueillir les fruits; que cha-

cun, guidé par le sentiment de son bien-être, peut ou se livrer aux spéculations commerciales et industrielles, accumuler des richesses, se faire un sort brillant; ou bien, soit cultiver, dans les arts, les dons, les plaisirs de l'imagination, ces plaisirs célestes qui répandent tant de charme dans la vie; soit étudier les sciences, les approfondir, agrandir la sphère de ses connaissances, de son intelligence, agrandir tout son être, et s'élever à cette hauteur où l'homme éprouve tant de bonheur par la pensée, a tant de sujet de s'en enorgueillir. « Je pense, dit Pascal, et, » par ce précieux don de la pensée, je suis bien supérieur » à cet astre qui nous éclaire, tout immense qu'il est. »

En un mot, c'est principalement sous le gouvernement monarchique que fleurissent le commerce, les arts, les sciences et toutes les branches de richesses et de bonheur pour les nations.

Gouvernement aristocratique. Ce gouvernement a plus de vigueur et jouirait d'une plus grande puissance que le gouvernement monarchique, sans les fréquentes divisions de l'aristocratie, divisions qui énervent nécessairement les ressorts de son gouvernement.

L'aristocratie a dans sa politique des principes plus fixes que la royauté, des plans mieux suivis, plus de persévérance dans ses entreprises, plus de modération dans ses succès, plus de constance dans l'adversité; la forme du gouvernement aristocratique serait la meilleure pour protéger et garantir les intérêts des peuples, si l'aristocratie ne se trouvait avoir souvent un intérêt personnel à atténuer la prospérité, la puissance de la démocratie pour mieux la contenir; et si d'ailleurs les inconvénients attachés au gouvernement aristocratique ne l'entraînaient ou à sa ruine ou à la tyrannie, comme nous le verrons tout, à l'heure.

GOUVERNEMENT DÉMOCRATIQUE. Le règne de la démocratie échauffe, anime tout le peuple d'une grande émulation; chacun veut avancer, veut se créer un nom, une existence. Si, dans l'administration ou l'armée, l'on ne peut s'ouvrir une voie aux honneurs, à la fortune, c'est dans la carrière de l'industrie et du commerce qu'on saura se dédommager, c'est par des spéculations nouvelles, des entreprises hardies, des travaux laborieux et soutenus, qu'on parviendra à amasser des richesses, à prendre un rang dans la société, à rivaliser avec ces plébéiens heureux que les honneurs ont décorés. A tous égards les peuples ont plus de verve, plus d'énergie sous les gouvernements démocratiques que sous les autres gouvernements ; ils sont plus féconds en tous genres de production. Pourquoi faut-il que les dissensions, la guerre civile, sortent de la même source, et que le germe qui produirait de si heureux fruits contienne le vice qui doit le détruire? Le règne démocratique est surtout admirable en temps de guerre, quand il s'agit de défendre le sol de la patrie. Rien n'égale les traits de courage, de dévouement, les brillants faits d'armes et toutes les vertus patriotiques que nous ont montrés toutes les républiques combattant pour leur indépendance.

Mais après la victoire, après que l'empire sauvé du danger demande plus de modération pour être bien gouverné, le règne démocratique perd ses avantages, et le peuple apporte au gouvernement une incapacité égale à la valeur qu'il a montrée pour le soutenir. Il conserve bien son émulation, son esprit de perfectibilité pour tout ce qui contribue à l'avantage , au bonheur de la société. Mais tous ces nobles élans, mal protégés par un gouvernement orageux , sont bientôt étouffés par les guerres intestines qui font périr la république.

Inconvénients.

LE RÈGNE MONARCHIQUE (1) a contre lui la minorité des rois. Sous les régences le pouvoir est faible, les grands cherchent à le partager, se le disputent, font naître des troubles, des factions qui plongent la nation dans de grands maux.

Le gouvernement royal expose encore l'état, rarement il est vrai, à de plus grands dangers. De loin à loin se rencontrent des princes guerriers qui, entraînés par le sentiment de la gloire , entraînent à leur tour leurs malheureux peuples dans des guerres sans fin et dans toutes les calamités dont la guerre fait son cortége.

Enfin l'on reproche à la royauté la corruption des cours

Le prince, toujours entouré de courtisans , de flatteurs, ne connaît jamais bien les besoins des peuples, les maux dont ils se plaignent, n'est presque jamais exhorté à prendre des mesures pour les faire cesser. La flatterie est trop intéressée à cacher ou déguiser la vérité, à l'empêcher de pénétrer jusqu'au prince. L'intrigue seule l'obsède sans cesse et règne avec lui. C'est elle qui distribue les emplois à tort et à travers, qui en dépouille les hommes les plus dignes en faveur des gens incapables. Elle provoque les actes arbitraires, méconnaît la voie de la

---

(1) Nous entendons parler de la royauté héréditaire.

justice, et compromet à chaque instant les intérêts du trône comme ceux du peuple. Souvent elle arrache aux malheureux le fruit de ses labeurs, le nécessaire de toute une famille, pour entretenir le luxe des grands, la corruption de leurs mœurs, leurs liaisons scandaleuses.

La corruption des cours produit encore fréquemment un plus grand mal; elle enchaîne, paralyse le prince par les plaisirs, la mollesse; elle l'éloigne des affaires, lui enlève son sceptre pour le confier aux favoris ou plutôt aux amis des favorites, et livre l'état à leur rapacité, à leurs outrages.

Sans prétendre méconnaître ces graves inconvénients de la royauté, je ferai remarquer.

Que les disputes des grands sous les régences, et le partage qu'ils font souvent du pouvoir, convertissent la royauté en une espèce d'aristocratie, et qu'ainsi les désordres trop réels des régences ne peuvent guère être opposés par l'aristocratie et encore moins par la démocratie.

Que si les princes ambitieux entraînent leurs peuples dans des guerres désastreuses, le même reproche peut être fait aux gouvernements aristocratique et démocratique. Rome, sous ses rois comme sous le gouvernement de l'aristocratie et de la démocratie, fit également la guerre. C'est la démocratie d'Athènes qui entreprit la guerre de Syracuse; la même démocratie et l'aristocratie de Sparte s'exterminent, dans la guerre du Péloponèse, pour la dispute de l'empire de toute la Grèce. Les républiques d'Italie présentent le même spectacle.

Seulement il y a cette différence que les princes d'un génie guerrier, d'un caractère ferme, énergique, procurent à la nation quelque dédommagement aux maux

qu'ils font endurer, en donnant, par leur fermeté, à
la machine politique un ressort, un principe de vie que
de longs règnes passés dans les intrigues avaient énervé;
tandis que les gouvernements aristocratique et démocratique affaiblissent ordinairement leur constitution par la
guerre. Le peuple, qui y prend la part la plus active,
sent sa puissance; et, soit qu'il possède déjà le pouvoir,
soit qu'après ses succès il l'enlève à l'aristocratie, il en
abuse plus que jamais, le livre à ses démagogues, aux factions,
et en fait un instrument destructeur du bonheur public.

Enfin je ferai remarquer que si parfois le prince confie
son autorité à un ministre, il arrive toujours que ce ministre par son élévation se fait de nombreux ennemis, et
qu'il faut, ou qu'il se maintienne contre leurs cabales par
de grands talents qui tournent à l'avantage de la nation,
ou qu'il succombe à leurs persécutions; de manière que le
gouvernement de l'incapacité ne peut être que très
passager.

Je pourrais ajouter que le trône, jadis si étranger aux
besoins des peuples, si inaccessible à la vérité, en est
maintenant instruit chaque jour et quelquefois fort verte-
ment par la discussion des chambres. Mais cet avantage
tient au gouvernement représentatif, que je n'envisage
point en ce moment.

LE RÈGNE ARISTOCRATIQUE présente des inconvénients
bien plus graves que ceux de la royauté.

D'abord, toujours en butte à la jalousie du peuple, et
exposée à ses entreprises, il importe à l'aristocratie, pour
conserver le pouvoir, que le peuple ne devienne ni trop
riche ni trop puissant; et pour le mieux tenir dans sa dé-

pendance, elle est obligée d'aller à la source de cette puissance, d'entraver l'industrie, le commerce, de conspirer contre la prospérité publique (1).

Un danger fréquent pour l'aristocratie, danger qui lui est commun avec la démocratie, c'est la nécessité de confier un grand pouvoir à ses généraux (2). Les talents d'un bon capitaine, les services qu'il a rendus

---

(1) Venise semble contredire cette assertion, puisque son commerce était si riche, offrait tant de ressources, qu'elle put, avec ces ressources, lutter seule contre les premiers potentats de l'Europe ligués contre elle à Cambray.

Cette contradiction s'explique :

Le gouvernement de Venise était originairement démocratique ; ce fut sous le règne de la démocratie que Venise fit ses expéditions, qu'elle fonda ses établissements dans le Levant, et assit les bases de son immense commerce.

Lorsque la classe des nobles se fut ensuite emparée sourdement, presque insensiblement de tout le pouvoir, de tous les emplois, cette classe, qui n'était pas dans une très grande disproportion avec les premières classes du peuple, eut la conscience de ses forces. Rassurée d'ailleurs par la position avantageuse de la ville, par une police active, et surtout par la précaution de n'admettre aucun homme du peuple dans les armées de l'état, ni même aucun noble pour le commandement de ses troupes, elle crut n'avoir rien à craindre pour sa puissance.

Après le sentiment de notre conservation vient immédiatement celui de nos intérêts. Venise, qui ne redoutait pas le peuple, dut donc, loin de gêner le commerce, chercher à l'encourager, à l'augmenter, puisque les richesses du commerce formaient la grandeur de sa puissance. D'ailleurs, les nobles vénitiens faisaient aussi le commerce, et établissaient ainsi une balance de richesses entre l'aristocratie et le peuple.

(2) J'ai dit, dans la note précédente, que Venise ne confiait point le commandement de ses troupes à ses propres citoyens. Il n'y a point là de contradiction avec la nécessité dont on parle ici. Cet usage de Venise, comme celui des troupes mercenaires dont elle se servait, tenait à des exceptions de localité et de temps qui ne peuvent démentir le principe. Il est bien clair que confier le salut de l'état à des mercenaires, c'est le mettre sur la voie de sa ruine. Cet usage fut une des causes de la ruine de Carthage.

à sa patrie, la gloire qu'il a acquise, l'attachement de son armée, l'union d'intérêt qu'il y a entre eux, rendent un général si puissant dans un pays où règnent de simples citoyens, qu'il est rare que ce puissant personnage consente à rentrer en simple particulier dans sa patrie, qu'il n'ait l'ambition de la dominer, et qu'il manque d'y parvenir.

Mais le plus souvent l'aristocratie est placée entre ces deux écueils, où elle trouve également sa perte.

Ou la désunion se met dans son corps, parceque chacun veut primer par son opinion, son crédit; parceque les familles les plus puissantes veulent avoir toute l'influence dans le gouvernement, et que de là naissent des inimitiés, des haines, des séditions dont profitent les plus adroits, les plus heureux, pour s'emparer de tout le pouvoir, régner arbitrairement et changer le gouvernement en olygarchie, ou plutôt en un état despotique sous plusieurs despotes. Tels on voit à plusieurs époques les gouvernements de Thèbes, Corinthe, etc.; ceux de Pise, de Florence; le gouvernement d'Angleterre sous ses barons, etc.

Ou bien le peuple, trop enorgueilli par les victoires qu'il a pu remporter, devient intraitable, secoue le joug de l'aristocratie, et s'empare du pouvoir, qui tombe bientôt entre les mains d'une turbulente et aveugle populace ou d'odieux tyrans. A Rome, c'est après la chute de Carthage, et à Syracuse, après la défaite des Athéniens, que l'aristocratie fut détrônée.

« Syracuse, dit Montesquieu, toujours placée entre » l'oligarchie ou la licence du peuple, travaillée par sa li-» berté et sa servitude, recevant tour à tour l'une et l'autre » comme une tempête, et, malgré sa puissance au dehors,

» toujours déterminée à une révolution par la plus petite
» force étrangère, avait dans son sein un peuple immense,
» qui n'eut jamais que cette cruelle alternative, de se don-
» ner des tyrans ou de l'être lui-même. »

QUANT AU GOUVERNEMENT DÉMOCRATIQUE, ses dangers
inévitables sont les troubles, les guerres intestines, qui
l'énervent et le détruisent.

Le règne de la démocratie n'est presque que le règne
de la guerre civile, de cette reine sanguinaire qui gouverne par l'injustice et le crime, s'attache à persécuter les
personnages les plus éminents, les plus hommes de bien,
à les châtier de leurs vertus, et à les dépouiller de leurs
richesses pour en doter ses satellites ; qui verse son venin
dans toutes les âmes, excite les factions à la vengeance,
arme les frères entre eux, le fils contre le père; ouvre
la barrière aux proscriptions, aux assassinats, ébranle
tout l'ordre social, y tient en fermentation les passions
les plus basses, les plus viles, comme pour en amener
la dissolution; jusqu'à ce que, gorgée de sang et fatiguée
de crimes, le sceptre lui échappe des mains pour tomber
dans celles d'un soldat ambitieux, d'un despote, et perpétuer les misères des peuples.

Si tout gouvernement doit avoir pour objet de maintenir la tranquillité publique, de faire fleurir le commerce
et les arts, de rendre les hommes et meilleurs et plus heureux, l'on peut juger, par le court aperçu que nous venons de faire des avantages et des inconvénients attachés
à la forme et à l'action des gouvernements monarchique,
aristocratique et démocratique, considérés dans leur existence simple, que, pour atteindre ce but, la forme et l'ac-

tion du gouvernement aristocratique conviennent mieux
que celles du gouvernement démocratique; mais que le
gouvernement monarchique l'emporte à son tour sur
celui aristocratique.

Nous avons reconnu, dans le premier paragraphe de
ce chapitre, que les rênes de l'état, tenues par le prince,
étaient dans les meilleures mains possibles.

Nous établissons, par notre deuxième paragraphe, que
le gouvernement monarchique, considéré dans sa forme
et son action, vaut mieux que les autres gouvernements.

La forme ou le gouvernail monarchique, si je puis
m'exprimer ainsi, dans les mains du prince est donc le
meilleur instrument manié par la main la plus habile. Par
conséquent, le gouvernement monarchique est le meilleur gouvernement (1).

Il est bien digne de remarque qu'Hérodote, Platon,
Aristote, Polybe, Plutarque, Cicéron, ces grands personnages, qui ont vu les beaux jours d'Athènes et de
Rome, ou qui en étaient voisins, donnent nettement la
préférence au gouvernement monarchique sur tous les
autres gouvernements, comme présentant le plus d'a-
vantages et le moins d'inconvénients.

_____

(1) Cette règle n'est pas sans exception ; une population peu nombreuse,
un territoire borné, dans une situation isolée, et d'autres causes particulières,
peuvent rendre les gouvernements aristocratique et démocratique préférables à la monarchie, comme nous le voyons en Suisse; mais ces exceptions, dues à des causes accidentelles, n'établissent point d'autorité contre
le principe.

Hobbes, Grotius, Puffendorf, sont aussi de ce sentiment, et si l'on recueillait les voix de tous les auteurs qui
se sont prononcés sur cette grande question, on la trouverait décidée, à une grande majorité, en faveur de la
monarchie.

Cette question, au surplus, est encore mieux résolue
par l'histoire, ou plutôt par la force des choses. L'histoire
enseigne, comme nous le verrons plus tard, que les gouvernements aristocratique et démocratique, ou les gouvernements républicains, ne peuvent se soutenir ; il faut toujours revenir à l'autorité monarchique héréditaire. Qui
peut donc arracher le sceptre des mains des peuples, pour
les faire passer dans celles du prince ?

Certainement ce n'est point la force du prince ; et si les
peuples viennent se ranger sous son autorité, c'est que le
sceptre dans ses mains satisfait mieux à leurs intérêts que
s'ils le tenaient eux-mêmes ; en d'autres termes, c'est parceque le gouvernement monarchique est le meilleur gouvernement.

C'est seulement en envisageant les gouvernements dans
leur existence simple que nous avons reconnu que le gouvernement monarchique était le meilleur gouvernement.

Mais la monarchie simple est-elle, en effet, la meilleure
forme de gouvernement possible ; son autorité ne doit-
elle pas être limitée ?

En admettant ce premier point, comment cette limitation devra-t-elle avoir lieu? Sera-ce par le partage du
pouvoir législatif avec l'aristocratie et la démocratie, les
deux chambres d'un parlement sans lois fondamentales ;
en sorte que le prince et le parlement seront souverains

absolus, et pourront, simultanément, exercer une autorité
sans limite ?

Où faudra-t-il qu'il y ait des lois fondamentales qui
enchaînent le prince et le parlement lui-même, sauf
lorsqu'ils pourront être mis hors de page par l'impérieuse
loi de la nécessité ?

Si l'on admet qu'il faille des lois fondamentales, comment seront-elles instituées ? Sera-ce par un pacte entre le
prince et la nation, ou par une simple charte que concédera le prince ?

Si c'est par une charte que concède le prince, comment pourra-t-il y avoir engagement commun ; comment
le prince et le parlement pourront-ils être liés ?

D'un autre côté, la concession suppose que le prince
est souverain sans la participation des peuples, et cette
supposition demande à être prouvée.

Mais, pour faire cette preuve, il y a de grands obstacles
à vaincre, car les rois étant faits pour les peuples, les
peuples prétendent que les rois sont leurs sujets ; que
c'est à eux, peuples, qu'appartient la souveraineté ; que
c'est de leur délégation que dérive tout pouvoir.

Voilà bien des questions à traiter ; et pourtant, après
les avoir résolues, l'on sera fort loin encore de pouvoir
établir la limite qui doit donner au gouvernement monarchique sa meilleure assiette, resserrer son autorité dans
le cercle le plus favorable au bonheur des peuples.

Au reste, sans pousser plus loin l'énumération des
difficultés, ni sans prétendre les résoudre, je vais présenter la liaison des idées par lesquelles je parviens, dans
mon esprit, à établir le meilleur gouvernement. Presque

tout mon travail aboutira seulement à quelques articles de la charte. Alors, dira-t-on, pourquoi tant de peine ?

O sûrement cette peine ne sera point inutile, si, par mes réflexions, ma raison s'identifie avec la loi, si elle y trouve l'expression de ses vœux ; si, dans les devoirs que la loi m'impose, je reconnais ceux que ma raison m'eût-elle même imposés !

Il faut d'abord se fixer sur la base du gouvernement, sur la souveraineté.

Je vais montrer dans le prochain chapitre, qui sera le quatrième de l'ouvrage, que les anciens gouvernements républicains, qui n'étaient que le règne resserré de la souveraineté du peuple, n'ont pu long-temps se soutenir nulle part, et qu'il a toujours fallu revenir à la monarchie héréditaire ;

J'établirai ensuite dans le cinquième chapitre, que le règne de la souveraineté du peuple n'est praticable, ni par voie directe, ni par voie de représentation ;

Dans le sixième chapitre, que, même en théorie, la loi ne doit point être l'expression de la volonté générale des peuples, et que tous leurs droits, quant à la législation, doivent se fondre, se résoudre dans un parlement;

Dans le septième chapitre, que ce n'est ni par le droit divin, ni par une délégation de la part des peuples, que règnent les princes; que leur autorité et le gouvernement monarchique sont nécessaires;

Dans le huitième chapitre, comment, par le principe de l'autorité monarchique et l'établissement d'un parlement, l'on rentre dans le cercle de la doctrine de la souveraineté du peuple, et se résout le problème qu'elle présente;

Dans le neuvième chapitre, que l'autorité monarchique déjà limitée par l'établissement d'un parlement doit l'être encore par une constitution, et comment cette constitution doit être instituée.

Enfin j'expliquerai,

Dans le dixième chapitre, l'action des trois puissances législatives;

Dans le onzième chapitre, quel choix le gouvernement doit faire de ses administrateurs, et quelle obéissance lui doit l'armée;

Dans le douzième, que l'opinion du jour ne doit point entraîner le gouvernement;

Et, dans le treizième et dernier chapitre, quels sont les titres de la légitimité.

J'envisage le gouvernement seulement dans sa base, sa forme et son action, sans m'occuper des institutions qui doivent garantir la sagesse de son règne, parceque, cherchant à asseoir mon opinion, les points que je viens de citer suffiront pour la fixer.

A la vérité, le gouvernement ne peut parvenir à sa perfection que par des institutions en harmonie avec lui-même. Mais, avant de songer aux garanties, il faut savoir ce qui doit être garanti; et quand on est bien d'accord sur ce point, les institutions de garantie ne sont guère que des conséquences des principes reconnus. Le chemin est tout tracé; il n'y a plus qu'à suivre.

CHAPITRE IV.

LES GOUVERNEMENTS RÉPUBLICAINS N'ONT PU LONG-TEMPS SE SOUTENIR NULLE PART ; IL A TOUJOURS FALLU REVENIR AU GOUVERNEMENT MONARCHIQUE HÉRÉDITAIRE, A LA LÉGITIMITÉ (1).

La légitimité a pour elle l'ancienneté de l'origine, et, à quelques exceptions près, le témoignage de tous les peuples, de tous les siècles.

Si, parfois, les gouvernements républicains ou la souveraineté du peuple sont venus lui disputer l'empire, ce n'a été que passagèrement, et sans jamais jeter de profondes racines.

L'on voit la plupart des gouvernements établis hors la légitimité briller d'abord d'un certain éclat, parceque ces gouvernements, dans les premiers temps de leur existence, ne sont guère qu'aristocratiques, et qu'ils jouissent de tous les avantages attachés à cette forme de gouvernement (forme qui serait la plus parfaite, si les inconvénients qu'elle engendre ne dominaient), sans avoir à essuyer, pendant la ferveur de ces premiers temps, aucuns des inconvénients inhérents au gouvernement aristocratique.

---

(1) Le gouvernement monarchique héréditaire est appelé ici la légitimité, sauf plus tard à mieux caractériser cette légitimité.

Mais les temps heureux et paisibles de l'aristocratie durent peu.

Le gouvernement aristocratique,

Ou dégénère en oligarchie,

Ou bien est envahi par la démocratie, suivant que l'explique le chapitre précédent.

Toutefois les choses n'en restent pas là : l'oligarchie, comme la démocratie, engendre des troubles ; la guerre civile, l'anarchie, ébranlent l'état par des secousses violentes, et, du sein de ces désordres, de cette tourmente, naît, insensiblement, un monarque qui dissipe les orages révolutionnaires, et prévient de nouvelles tempêtes, en fixant l'autorité dans sa famille.

Ainsi, dans les pays non soumis à la légitimité, l'autorité, après avoir été exercée par l'aristocratie, tombe aux mains de l'oligarchie ou de la démocratie, puis dans les mains d'un seul, se convertit en monarchie héréditaire, revient à la légitimité ; à moins que les désordres qui ont amené ces révolutions, qui ont servi comme de passage à la légitimité, n'aient fourni aux puissances voisines les occasions et les moyens de s'emparer du pays, de réduire la nation en provinces conquises.

Tel est le tableau que nous présente l'histoire.

A Carthage, la république fleurit tant que le sénat conserva l'autorité. D'après la constitution de l'état, les décrets du sénat n'avaient besoin de la ratification du peuple que dans le cas de dissentiments de la part des sénateurs, et cette illustre compagnie, jalouse de son autorité, s'arrangeait toujours de manière à ne point recourir aux orageuses délibérations populaires.

« Mais vers le temps de la seconde guerre punique,
» le peuple, devenu insolent par ses richesses et ses con-
» quêtes, dit Polybe, et ne faisant pas réflexion qu'il en
» était redevable à la sagesse du sénat, voulut se mêler du
» gouvernement et s'arroger tout le pouvoir, alors tout
» se conduisit par cabale, par factions, avec le plus grand
» désordre; ce qui fut la principale cause de la décadence,
» de la ruine de l'état. »

Dans ces troubles, des citoyens puissants cherchèrent
à s'emparer de la souveraineté; et si la république avait
échappé à la conquête des Romains, l'autorité, après être
ainsi passée du sénat au peuple, après avoir déjà tenté
des ambitieux, aurait été infailliblement usurpée, convertie en royauté.

A Athènes, les beaux temps de la république durèrent
à peine un siècle, qui commença à l'époque de la première guerre contre les Perses, et finit au siége de Syracuse.

Ce siècle de prospérités peut se diviser en trois pé-
riodes.

La première fut employée à repousser les barbares
du sol de la patrie. C'est là le triomphe d'un peuple souverain; car alors toutes les volontés réunies en une seule
présentent une force, une résistance insurmontable. C'est
le faisceau de la fable.

Durant la seconde période, qui fut de quarante ans, la
république vit s'accroître sa prospérité et sa gloire, principalement parceque, pendant tout ce temps, elle se convertit en une espèce de royauté sous le gouvernement de
Périclès. « Périclès, une fois revêtu de l'autorité,

4

» ne s'abandonna point aux caprices du peuple comme
» à toutes sortes de vents (dit Plutarque); mais, tirant
» les rênes de ce gouvernement trop mou et trop com-
» plaisant, il en fit une véritable royauté, sans jamais
» s'écarter de l'utilité publique. »

Mais dans la troisième période, le peuple, privé d'un
sage pilote, par la mort de Périclès, se laisse gouverner
par des orateurs turbulents, des factions qui l'entraînent
à sa perte. La guerre de Sicile est résolue, entreprise,
et ses désastres amènent la ruine de l'état. « La république
» d'Athènes, dit Cicéron, vint faire naufrage dans le port
» de Syracuse. » Après cette malheureuse guerre, l'état va
toujours en s'affaiblissant. En vain Démosthènes crie aux
Athéniens que le roi Philippe les endort pour les conduire
à la servitude, ces anciens républicains, fatigués de tant de
combats, énervés, usés par leurs efforts pour soutenir leur
indépendance, pour conserver la souveraineté, semblent
préférer désormais une soumission douce et tranquille à une
orageuse et fatigante liberté. Ils donnent pourtant à Ché-
ronée une dernière marque de courage; mais, abattus par le
revers de cette seule journée, ils passent sous le joug d'un
étranger, et tombent dans cet excès de servitude, qu'ils
ordonnent par un décret (ils avaient conservé quelques
unes des formes de leur ancienne république) que tout ce
que commanderait Démétrius, leur vice-roi, serait tenu
pour saint envers les dieux, et juste envers les hommes.

A Rome, la république se maintint plus long-temps
florissante, parceque le sénat sut distraire le peuple des
affaires publiques, en l'occupant continuellement à des
guerres étrangères. C'est peut-être parceque le sénat

voulait dominer dans Rome que Rome parvint à dominer le monde.

Cependant, après la chute de Carthage, lorsque la république n'avait plus d'ennemis qu'elle redoutât, il ne fut plus possible d'opposer un frein à ce peuple qui avait conquis tant de royaumes. Le peuple, excité par ses tribuns, arracha au sénat ses anciennes prérogatives, cette sage puissance qui avait fait la puissance de la république, et alors disparurent sa gloire et sa prospérité.

C'est vainement que Sylla donne à l'univers l'étonnant spectacle de son abdication;

Que le courage et le génie de Cicéron arrachent le vaisseau de l'état aux torches de Catilina;

Que le sénat immole César au salut de la république;

Que Brutus et Cassius versent leur sang pour elle;

La république n'était plus. Elle avait péri avec l'autorité du sénat, sous les coups de la démocratie. Depuis lors, les factions se disputaient, s'arrachaient ses dépouilles; et le vaisseau de l'état, agité par de violentes tempêtes, poussé d'écueil en écueil, ne pouvait trouver de salut que dans le port de la monarchie.

Malheureusement cette monarchie fit la faute de s'emparer de tous les pouvoirs, et le despotisme du peuple passa dans les mains d'un seul homme, pour commettre de nouveaux excès.

D'ailleurs cette monarchie ne put jamais bien établir le principe de l'hérédité. L'épée romaine, qui avait subjugué le monde, conserva trop d'ascendant envers le trône, le tint dans une espèce de dépendance, pour le livrer fréquemment aux fléaux de l'usurpation.

Pour soutenir une couronne d'autant plus mal affermie qu'elle était plus despotique, les princes s'égarent dans une politique inquiète, une politique persécutrice, sanguinaire. Les Germanicus, les Corbulon, les Agricola, ont trop de talents, trop de mérite, ils sont sacrifiés à la sûreté du princes. Mais c'est peu que ces crimes particuliers, pour des princes à qui tout fait ombrage, et qui ne connaissent aucune barrière légale à la plénitude de leur pouvoir. Ils ne voient que suspects partout, et partout l'on égorge, partout le sang coule. Ces crimes amènent d'autres crimes. Les peuples fatigués attentent à la vie de leurs princes. Dans ces conjonctures, l'armée joue le principal rôle: la garde prétorienne, après avoir détrôné et massacré le prince, vend l'empire au plus offrant; puis extermine l'acheteur, pour vendre de nouveau le trône ensanglanté. Les autres armées ne sont pas moins jalouses d'un pareil privilège, chacune de son côté fait un prince; et les choses en viennent à ce point, que trente empereurs, les armes à la main, se disputent à qui restera l'empire, le déchirent, et le précipitent dans la ruine.

L'on ne peut jeter les yeux sur ces temps malheureux sans bénir les gouvernements réguliers de nos jours. Dans ces gouvernements, la légitimité met une barrière insurmontable à l'envahissement des ambitieux, aux malheurs des usurpations. Et, d'un autre côté, des lois fondamentales rassurent les peuples contre le despotisme, leur garantissent une sage liberté. Les princes, n'ayant rien à craindre pour leur trône, peuvent consacrer leur puissance et leurs soins au bonheur des peuples;

loin de redouter le mérite, ils s'entourent des personnages les plus distingués par leurs talents en tout genre, en
rehaussent la gloire et l'éclat du trône; ils encouragent
les sciences, les arts, et les forcent en quelque sorte à
produire pour le bonheur commun.

Les peuples, qui n'ont point à se diviser, à s'entr'égorger
pour soutenir les prétentions de quelques ambitieux, qui
sont tranquilles sur leur sort et tous leurs droits, se livrent avec sécurité à l'agriculture, à l'industrie, au commerce, à tous les arts destinés à augmenter la félicité
publique.

Quels immenses avantages ressortent de cette limitation de droits politiques, de ces bornes posées de part et
d'autre !

Je reviens aux gouvernements républicains.

Les républiques d'Italie, dans leur première guerre
d'indépendance contre l'empereur Barberousse, donnèrent un nouvel exemple de la puissance d'un peuple
bien uni et animé du génie de la liberté.

Les Italiens, dans le 12e siècle, renouvelèrent les
grands actes de vertu et de courage, les brillants faits
d'armes qui avaient illustré les anciens Grecs.

Mais lorsque le danger fut passé, lorsque ces républiques, sans inquiétude sur leur indépendance, eurent
à s'occuper de leur gouvernement intérieur, l'union entre
ces divers états et les citoyens, qui avait fait toute leur
force, fit place à des rivalités toujours guerroyantes de
ville à ville, à des discordes entre les nobles et les
plébéiens, les guelfes et les gibelins, les blancs et
les noirs. Au génie de la liberté succède le génie des

factions, des guerres civiles; et l'Italie, livrée à ses fureurs, se déchire elle-même, s'épuise dans des combats où la défaite, comme la victoire, lui sont également funestes.

Ce n'est plus contre les étrangers que se déploie la bravoure des citoyens, ce n'est plus la patrie qu'ils défendent, ni dans la plaine ou à l'abri des remparts qu'ils livrent combat. Ce sont des alliés, des concitoyens, des frères qui se combattent avec un atroce acharnement, dans les rues, les carrefours, sur les places publiques. C'est là que se déchaînent toutes les fureurs des guerres civiles, que, pendant des mois entiers, les factions s'entr'égorgent, et que, tour à tour victorieuses et vaincues, elles se déciment et s'exilent tour à tour. S'il n'y avait que les combattants qui fussent victimes, le mal serait moins grand. Mais les haines implacables des factions ne connaissent point de bornes : frapper son ennemi est une vengeance commune; il faut l'atteindre auparavant, le frapper dans ce qu'il a de plus cher; il faut que le fils, l'ami, étranger à toutes ces dissensions, meure d'abord, pour assaisonner la vengeance.

Un état de choses si violent est insupportable : un pouvoir suprême devient nécessaire pour rétablir l'ordre, ramener la paix; et ce besoin, que les peuples ne s'avouent pas encore, fraie aux ambitieux le chemin de la tyrannie. Malheureusement ce n'est qu'avec l'appui d'une faction qu'un seul homme arrive au gouvernement de l'état. Pour se maintenir contre les autres factions, il recourt aux exils, aux proscriptions, aux meurtres. Ces excès provoquent d'autres excès, la chute du tyran, de nouvelles séditions; l'anarchie, et les factions recommencent leurs guerres, leurs combats, achèvent de s'épuiser, jusqu'à ce que, bien convaincues, par leur ruine commune, que la paix et le bonheur de tous ne peuvent être assurés que par un pouvoir prépondérant et tutélaire, elles résignent la souveraineté entre les mains de princes déjà reconnus ou de personnages puissants, qui puissent efficacement les protéger tous.

Pourtant plusieurs républiques se soutinrent. Venise et Gênes se vantaient de la perpétuité de leurs gouvernements.

Mais quelle perpétuité, grand Dieu! que celle qui tenait tout un peuple dans les fers! Sous ces gouvernements, le même corps des nobles faisait les lois, se chargeait de les faire exécuter, de juger et punir les contrevenants. Ce même corps réunissait donc tous les pouvoirs, exerçait un pur despotisme. Aussi ces gouvernements avaient-ils besoin pour se soutenir de moyens violents et odieux: témoin cette police si nombreuse, si corruptrice, ces inquisitions d'état, et à Venise ce tronc où tout délateur pouvait à chaque instant jeter son accusation et frapper son ennemi sans danger.

En Hongrie, en Suède, dans le Danemarck, en Pologne, où le gouvernement, bien qu'il eût des rois à sa tête, était réellement républicain, où les états élisaient les rois, puis leur faisaient leur procès, les déposaient ou les faisaient mourir; où les états décidaient de la paix, de la guerre, disposaient du trésor, etc. Il fallut, par la force des choses, abandonner ces régimes républicains, élargir le pouvoir royal, et consacrer le principe de l'hérédité. Mais la Pologne, pour s'y être prise trop tard, fut démembrée et dévorée par ses voisins.

Suivons ces révolutions :

La Hongrie, autant déchirée que nous avons vu la Pologne l'être de nos jours par les interrègnes, les factions, l'anarchie, en reconnut plus tôt les causes. Pour les prévenir, elle eut la sagesse de moins resserrer le pouvoir royal, et de rendre la couronne héréditaire dans la famille de l'archiduc Joseph, d'abord en faveur des mâles, dans la diète de 1687, et ensuite en faveur des femmes, à défaut de mâles, dans la diète de 1720.

La Suède, dès l'année 1540, avait institué l'hérédité pour la couronne dans la famille de Gustave Wasa. Mais, par la mort de Charles XII, le trône étant devenu vacant, Frédéric de Hesse-Cassel, qui y monta par l'élection, souscrivit, pour l'obtenir, à toutes les capitulations qui lui furent dictées pour la limite du pouvoir royal. Ces limites outrées eurent l'effet qu'on vit partout, des règnes orageux, toutes sortes de désordres dans l'état. Le sénat avait réduit le prince à n'être plus qu'une ombre de roi, à tel point qu'Adolphe-Frédéric fut obligé de permettre, lorsqu'il refusait sa signature, que le sénat se servît du sceau royal. Une telle humiliation et des guerres malheureuses, entreprises par le sénat, firent voir à la nation dans quel abîme elle était engagée. Soutenu par elle, Gustave III n'eut besoin que de l'espace d'une matinée pour ressaisir, sans répandre une seule goutte de sang, toutes les prérogatives royales, et sauver le trône de la domination républicaine.

Dans le Danemarck, la nation, fatiguée de ses dissen-

sions, qui avaient toujours leur source dans la faiblesse
de la royauté élective, abolit, en 1660, toutes les capitulations qui avaient été imposées au monarque, et déclara
la couronne héréditaire dans sa famille, même en faveur
des femmes, et déféra au prince un pouvoir absolu.
C'était aller d'un excès à un autre; mais est-il toujours
vrai qu'il fallut revenir au principe de l'hérédité.

Enfin, la Pologne reconnut que l'électivité de la couronne, et les trop grandes prérogatives de l'aristocratie,
avaient été les principales causes des fléaux multipliés qui
l'avaient accablée si long-temps au dehors et au dedans.
Elle médita sa réforme, et établit, en 1791, une constitution qui rendait la couronne héréditaire, et détruisait
le *liberum veto*. Mais il était trop tard : les puissances
voisines, qui, depuis long-temps, exerçaient leur influence pour les élections et intervenaient dans les affaires
intérieures de l'état, virent avec trop de regret une constitution qui allait prévenir l'anarchie, faire prendre au
gouvernement une assiette fixe, et le soustraire aux combinaisons, aux intérêts de leurs politiques. C'était l'anarchie du pays qui avait été le prétexte du premier dé-
membrement; il fallait donc perdre l'espoir de faire un
nouveau partage des débris de la nation. Les ambitieux voisins s'entendent promptement pour ne point
laisser échapper ce dernier morceau de leur proie. L'on
ourdit un parti contre la constitution, on le soutient
par les armes; puis l'on tombe sur tous les partis, on
les écrase, et la bataille de Prague décide du sort de la
Pologne. Cette puissance, naguère si formidable, dispa-
raît du rang des nations.

Sans doute l'ambition des puissances voisines en fut la cause; mais il faut dire aussi que ce sont les troubles du pays qui ont comme présenté un appât à l'ambition; que c'est l'électivité de la couronne qui fut la source de ces calamités, et que c'est principalement faute de souverain légitime que périt la souveraineté.

Les Provinces-Unies, qui devaient être si jalouses de leur liberté, après l'avoir conquise par tant de courage et de sacrifices, laissèrent cependant à leur stathouder un pouvoir au moins égal à celui des rois, puisque le stathouder Guillaume III, qui était en même temps roi d'Angleterre, était appelé stathouder d'Angleterre et roi de Hollande. Les Hollandais jugèrent dans la suite qu'une royauté élective, toute puissante qu'elle pouvait être, présentait encore trop de dangers pour la nation. Ils déclarèrent le trône héréditaire, d'abord en 1674, en faveur de la postérité masculine de Guillaume III, puis, en 1747, en faveur des descendants du prince de Nassau, même des femmes à défaut de mâles.

Aux républiques anciennes et modernes que nous venons de voir impuissantes pour se soutenir long-temps et tomber toutes dans la monarchie héréditaire, l'on peut opposer les gouvernements de la Suisse et des États-Unis qui, de nos jours, se soutiennent très florissants. (Je ne parle point des autres nations, où la république, fille d'un jour, n'a pas encore assez de vie pour qu'on puisse rien dire sur les chances de son existence.)

Il n'est pas difficile, je crois, de faire voir que la durée du gouvernement républicain, chez ces deux nations, tient à des causes particulières qui ne peuvent former titres pour les gouvernements républicains en général.

En effet, la Suisse, isolée par ses montagnes et protégée par sa position centrale, qui intéresse ses voisins à son indépendance, et les détourne de lui faire la guerre, n'a pas besoin de tenir sur pied un grand nombre de troupes pour la défense de ses frontières, et n'a point à craindre de devenir la proie de l'un de ses habiles capitaines : d'ailleurs, pauvre et laborieuse, elle ne nourrit point dans son sein de ces grandes familles dont la puissance menace toujours d'envahir le gouvernement.

Exempte d'ambition par les puissants états qui l'environnent, d'une étendue bornée, divisée comme en grandes municipalités, elle peut dans la simplicité de ses mœurs jouir de son gouvernement municipal, sans être exposée aux orages populaires, à la guerre civile, l'anarchie ; elle peut, par toutes les localités dont on vient de parler, conserver un gouvernement républicain, et se passer de la protection d'une monarchie héréditaire.

L'Amérique, d'une population encore peu nombreuse, eu égard à l'étendue de son territoire, dotée d'un sol aussi fertile que vaste, et placée avantageusement pour l'exercice et le développement d'un grand commerce, ouvre un champ immense à l'activité, aux besoins, à l'ambition du peuple ; le distrait, par des intérêts positifs, du maniement des affaires, et prévient les effets toujours funestes de la turbulence démocratique. Le commerce et l'agriculture sont pour le peuple des États-Unis ce qu'était la guerre pour le peuple romain. Mais lorsque de grandes fortunes se

seront formées, lorsque, par suite de guerres, de grandes
réputations se seront établies, auront acquis beaucoup d'influence, lorsque l'ambition politique succédera à l'amour des
richesses, lorsque de nombreuses armées, que les circonstances auront nécessitées, seront soumises au génie d'un
guerrier ambitieux et entreprenant, serait-ce être un pro-
phète trop téméraire que de prédire qu'il arrivera en Amérique ce que l'on a vu à Rome, en France, etc., et que la
nation passera sous le joug de l'épée, pour changer ensuite
ses destinées, et se fixer, après beaucoup d'oscillations, de
secousses, au principe qui peut seul les détruire, à la
monarchie héréditaire ?

Enfin, suivons en France la voie où nous ont engagés
nos principes démocratiques, nos erreurs sur la légitimité.

La constitution de 91, après avoir dépouillé le trône,
après avoir soustrait le peuple à son obéissance, et l'avoir
doté d'une souveraineté usurpée, où a-t-elle conduit cette
nation brave et généreuse ? Au despotisme de Robespierre,
à ce règne de sang et d'opprobre qui couvrit toute la France
de deuil et de honte. De ce despotisme est sortie l'anarchie, le 13 vendémiaire, le 18 fructidor. L'anarchie
produisit elle-même le 18 brumaire, qui donna naissance à son tour au despotisme de Bonaparte, à ce despotisme qui menaça tous les peuples, fit sonner le toc-
sin dans toute l'Europe, arma l'artiste comme l'artisan,
le pauvre et le riche, le laboureur et le prince, et
mit cette pauvre France menaçante à la merci des menaces.

Quel eût été son sort, si la France, comme la Pologne, n'avait point eu de princes légitimes ?

Après tant de calamités, de désastres et de dangers, il fallut revenir à la monarchie légitime, telle à peu près qu'elle s'était elle-même limitée ; car l'autorité royale, par la déclaration du 23 juin, avait accordé :

La convocation périodique des états-généraux, leur participation aux actes de l'autorité législative, l'admissibilité de tous les Français aux charges publiques, l'égale répartition des impôts, la liberté individuelle, la liberté du commerce, de l'industrie, etc.

C'est ici que l'on peut contempler les nécessités qui dominent les choses humaines, comme l'a dit un célèbre orateur.

Qu'on regarde les fastes du monde :

Partout la monarchie héréditaire a exercé ou exerce l'empire.

Dans quelques endroits seulement, l'on voit des peuples qui, mécontents des monarchies, tourmentés du désir d'une grande indépendance, cherchent, par des spéculations nouvelles, à créer des gouvernements qui puissent mieux leur convenir, mieux remplir leurs vœux. Ils détrônent les rois pour se déclarer eux-mêmes souverains. Mais, malgré tout leur génie, tous leurs efforts, ils ne peuvent soutenir ces nouveaux gouvernements ; ils sont obligés de revenir à la monarchie même, de consacrer l'hérédité du pouvoir ; ils sont obligés enfin de se ranger sous la bannière de la légitimité.

Dans ces efforts infructueux pour se soustraire à l'empire de la légitimité, pour la renverser, il y a ce semble quelque chose de surhumain, et la cause des rois paraît être la cause même du Maître de l'univers, qui se rit des vaines tentatives des peuples pour changer ses décrets éternels.

———

CHAPITRE V.

LE RÈGNE DE LA SOUVERAINETÉ DU PEUPLE N'EST PRATI-
CABLE NI PAR VOIE DIRECTE NI PAR VOIE DE REPRÉ-
SENTATION.

« Tous les hommes naissent égaux.

» Aucun d'eux n'a reçu de la nature le droit de commander aux autres ; la force, d'ailleurs, ne produit aucun droit.

» Reste donc pour base de l'autorité légitime le consentement du peuple.

» L'autorité est une création, une délégation des peuples.

» Point de délégation, point d'autorité.

» La loi qui domine sur tous doit être l'expression de
la volonté de tous, l'expression de la volonté générale. »

Tels sont les principes fondamentaux de la doctrine de
la souveraineté du peuple.

En professant aussi ces principes :

Que tous les hommes naissent égaux ;

Qu'aucun d'eux n'a reçu de la nature le droit de commander aux autres ; que la force ne produit aucun droit ;

Nous allons faire voir, ainsi que nous l'avons annoncé
précédemment,

Dans le 6ᵉ chapitre, que la loi ne doit point être l'expression de la volonté générale des peuples, et que tous leurs
droits législatifs viennent se fondre, se résoudre dans un
parlement.

Dans le 7ᵉ chapitre, que l'autorité n'est point une création
de l'homme, que l'autorité et le gouvernement monarchiques
sont nécessaires, et indépendants de la volonté des peuples ;

Et dans le 8ᵉ chapitre, comment, par le principe de l'autorité monarchique et l'établissement d'un parlement, l'on rentre dans le cercle de la doctrine de la souveraineté du peuple, et se résout le problème qu'elle présente.

Avant de passer à cette discussion, nous allons montrer dans ce chapitre, comme son titre le porte, que le règne de la souveraineté du peuple n'est praticable ni par voie directe ni par voie de représentation. Ayant établi dans le chapitre précédent que les gouvernements républicains, qui n'étaient au fond que le règne resserré de la souveraineté du peuple, n'ont pu se soutenir nulle part, il en résulte que le règne pur de la souveraineté du peuple pourrait encore moins se maintenir, qu'il est impraticable; et dès lors il paraît inutile de s'y arrêter. Cependant, comme il sert de fond au règne de la souveraineté du peuple par voie de représentation, il est à propos de les envisager l'un et l'autre, toutefois en glissant rapidement sur ce chapitre.

La loi, selon la doctrine, doit être l'expression de la volonté générale des peuples.

Il faudra donc alors que tous les citoyens deviennent législateurs;

Qu'ils abandonnent leurs travaux, leurs champs, leurs ateliers;

Qu'ils se fassent éclairer pour leurs nouvelles fonctions, car des législateurs ont besoin d'être instruits, et même assez instruits;

Qu'ils soient continuellement en voyage pour se rendre aux assemblées nationales;

Que l'état, durant toute la législature, prenne le soin de

les nourrir, parceque pour la majeure partie des citoyens point de travaux, point de pain.

Qu'ils soient toujours, dans leurs fonctions législatives, inaccessibles aux sentiments de rivalité, de jalousie, et à toutes ces passions violentes qui allument la discorde et la guerre; car si, dans ces immenses assemblées nationales, lorsque tous les citoyens, tous les intérêts sont en présence, ces législateurs, comme à Rome, en venaient aux mains, quelle anarchie dans l'état! à quelle tempête serait exposé le sort de la nation!

Ce sont déjà de grandes difficultés à vaincre; et cependant de plus graves inconvénients, de plus grands dangers nous attendent encore.

Il n'y a point de gouvernement qui plaise à tout le monde; il se rencontre toujours des mécontents, et toujours aussi se reproduisent des abus, des fautes. Il faudrait que les hommes fussent parfaits, pour ne jamais donner prise sur leur conduite; il faudrait qu'ils fussent éclairés comme les dieux, pour ne se point tromper dans leurs mesures. Les orateurs mécontents auront donc beau champ pour leur éloquence; et l'on sait tout ce que peut l'éloquence. Son but n'est pas précisément de dire la vérité, car la vérité s'explique bien seule; mais d'émouvoir et d'éblouir. La brillante éloquence des Gracques met toute la ville de Rome en combustion, provoque la guerre civile, fait couler le sang, sape l'autorité légale pour y substituer celle de la force, et creuse ainsi le gouffre où doit s'engloutir la république, sans que le peuple romain, à travers le prestige de l'éloquence, s'aperçoive du précipice ouvert sous ses pas.

5

L'éloquence a tant d'empire, que, même dans une assemblée de sages, elle trouve moyen d'établir son règne.

Cicéron, séduit par les flatteries du jeune Octave, ébloui ensuite le sénat par son admirable éloquence, et l'entraîne à soutenir d'abord l'héritier de César, à contribuer à l'élévation d'un homme qui va porter les derniers coups à la république.

Nous avons vu Mirabeau gouverner par le don de la parole l'assemblée constituante, toute la France; et cependant l'éloquence de Mirabeau n'était pas toujours inspirée par les purs accents de la patrie (1).

Une fois que nos orateurs turbulents auront pris pour texte le renversement du gouvernement, le gouvernement sera renversé, un autre gouvernement sera élevé sur les ruines du premier, pour être à la prochaine occasion détruit à son tour.

C'est vainement que l'histoire rappellera les calamités qu'ont produites ces révolutions, ces fougueux emportements du peuple; l'éloquence a porté coup, elle tient les passions sous sa loi, les entraîne à tous les excès, et chaque jour de nouveaux dangers, de nouveaux désastres, viendront menacer et détruire cette puissance nationale, cette gloire, ce bonheur de tous, que la souveraineté populaire s'était imprudemment chargée de défendre et de garantir.

---

(1) Ces deux dernières citations sont faites seulement pour prouver la puissance de l'éloquence ; quant à l'abus qu'on peut en faire, il se fera rarement remarquer dans un sénat, mais il sera continuel dans des assemblées populaires ; ce qui a fait dire à beaucoup de publicistes que le règne de la démocratie était le règne des démagogues.

Il n'est pas nécessaire de s'étendre davantage sur les dangers, les insurmontables difficultés que présente le règne de la souveraineté du peuple selon la rigueur de la doctrine; ces dangers, ces difficultés frappent tout le monde, et c'est après les avoir justement appréciés que l'on a pensé que le peuple ne devait point exercer la souveraineté, régner par lui-même, mais seulement par ses représentants.

« Si la nation ne fait que déléguer le pouvoir, a-t-on
» dit, si elle se borne à choisir des représentants pour
» gérer ses affaires, même établir des lois en son
» nom ;

» Elle conservera la souveraineté, restera ce qu'elle
» doit être, et l'ordre social s'appuiera sur sa véritable
» base.

» Les rouages nécessaires pour animer et faire marcher
» le corps politique auront une simplicité et une liberté
» d'action qui ne pourra plus entraver cette marche, ni
» provoquer des désordres dans l'état.

» Le pouvoir, entre les mains de mandataires révocables,
» et continuellement sous la surveillance des peuples, sera
» nécessairement exercé dans l'intérêt national.

» Enfin, tous les principes conservés dans leur pureté,
» et les ressorts du gouvernement ajustés tout à la fois à
» ces principes et aux lois de la pratique, établiront de
» la sorte le meilleur mode possible de gouvernement, ou
» plutôt le gouvernement naturel. »

Je réponds :

La nation, dans ses assemblées pour le choix de ses

représentants, parviendra-t-elle en effet à se faire représenter ?

La majorité des citoyens, qui ne possède point ou que très peu de fortune, ne peut jouir d'aucune indépendance, avoir une volonté politique qui lui soit propre. Sous l'influence ou plutôt à la merci des citoyens riches et puissants qui la nourrissent, elle n'exprimera par son vote que la volonté de ces citoyens puissants ; eux seuls choisiront les députés, seront représentés, et non la nation.

Que l'on considère d'ailleurs le rôle que joue l'éloquence démagogique dans les assemblées populaires, le secret, la puissance qu'elle possède pour diriger la multitude, lui inspirer ses haines, ses jalousies, son ambition, toutes ses passions, et l'on se convaincra davantage que les suffrages de cette multitude seront seulement l'expression de quelques volontés particulières.

Au temps où la démocratie régnait à Rome, Caton et je ne sais quel citoyen mal famé de Rome furent en concurrence pour l'une des magistratures de la république. Le rival de Caton l'emporta. Je le demande, la voix de la majorité qui rejeta Caton était-elle la voix nationale ?

Lors même que la nation parviendrait à se donner de véritables représentants, ce ne serait toujours point la volonté nationale qui régnerait, car si les mandataires choisis sont les représentants de la volonté nationale, les lois que ces représentants établiront ne seront que l'expression de leurs volontés particulières, le représentatif de ces volontés, ou plutôt de leur sagesse, de leur raison, qui n'a rien de commun avec la volonté nationale. Ces mandataires une fois nommés seront souverains de fait. Ce ne sera que dans le court intervalle des élections que la souveraineté reviendra à la nation, et encore pour qu'elle la confie à d'autres mandataires; c'est-à-dire, sous la condition qu'elle s'abstiendra d'en faire usage. Sauf le droit de révocation, quel pouvoir souverain la nation pourrait-elle exercer envers ses représentants? Elle ne saurait les diriger dans leur politique, parceque c'est principalement le discernement qui lui manque pour l'administration de ses propres affaires, et que d'ailleurs, l'opinion du jour n'est jamais assez éclairée pour former celle du gouvernement, lui tracer sa marche, comme nous le verrons au douzième chapitre.

La nation ne pourrait non plus rendre ses mandataires justiciables de son autorité pour les actes du gouvernement; car il ne lui serait pas possible de se constituer juge sur des matières au-dessus de sa portée.

Enfin il lui serait plus impossible encore d'appeler ses législateurs devant son tribunal; des législateurs ne pouvant être justiciables d'aucune autorité.

Ainsi le règne de la souveraineté du peuple par représentation se bornera au règne de magistrats qui seront élevés et révoqués selon que la nation le trouvera bien.

Mais si les peuples choisissent continuellement leurs mandataires, s'ils les élèvent et révoquent à leur gré, la nation ne sera plus qu'un champ clos où tous les partis se livreront combat pour s'arracher le pouvoir, pour soutenir ou renverser les citoyens qui en seront investis; et alors se reproduiront les plus graves inconvénients de l'exercice direct par le peuple de la souveraineté; inconvénients qui ont principalement fait reconnaître l'impraticabilité de ce règne.

D'une autre part :

Ou l'élection et la révocation des magistrats sera un privilége exercé seulement par les riches et les grands de la nation, suivant que nous l'avons expliqué,

Ou bien il sera exercé par tout le peuple.

Si les premiers citoyens de l'état seuls l'exercent, ce ne sera plus le règne de la souveraineté du peuple ; il n'y a plus à discuter.

Si le peuple exerce lui-même cette prérogative ; s'il a, par l'élection et la révocation des magistrats, l'influence principale dans la législation ; comme, dans tous les pays du monde, le peuple est pauvre, mal à l'aise, et que la législation ne peut faire que tous les citoyens soient riches et puissants, le peuple par son influence tourmentera ses magistrats pour améliorer son sort, pour s'enrichir, et mettra tout en œuvre pour faire tomber dans ses mains la fortune des premières classes. Le gouvernement sera de la sorte placé dans une position fausse, qui amènera des bouleversements, jusqu'à ce que les choses soient remises dans leur ordre naturel, que la principale influence dans le pouvoir ait passé des dernières classes aux premières, que les citoyens les plus intéressés à la tranquillité aient aussi plus d'influence pour la maintenir, et que ceux qui pourraient gagner à des révolutions n'aient point la puissance de les produire à leur volonté.

L'on ne pourrait opposer l'exemple des républiques fédératives de la Suisse et des États-Unis,

Parceque, dans la plupart des états dont se composent ces républiques, le droit de représentation est borné, ne s'étend point à toutes les classes du peuple, et qu'il se concentre quelquefois dans les mains de l'aristocratie.

Ce n'est donc plus le règne de la souveraineté du peuple.

D'ailleurs, la Suisse, avec ses montagnes, sa pauvreté et son gouvernement municipal, ne peut servir d'exemple ni d'induction pour le gouvernement des nations en général ;

Et les États-Unis, qui, avec un territoire immense, et un commerce très étendu, peuvent occuper la partie inquiétante de la démocratie, la distraire des affaires publiques, se trouvent dans une position à part, une position heureuse pour la marche d'un gouvernement populaire sans encombre; et ne pourraient servir d'exemple contraire aux principes que nous venons de développer, qu'autant qu'ils ne jouiraient pas de ces avantages particuliers, et de plusieurs autres qui ne permettent pas non plus de tirer du gouvernement des États-Unis aucune induction pour le gouvernement des autres nations.

Par toutes ces raisons il semble démontré que le règne de la souveraineté du peuple n'est praticable ni par voie directe ni par voie de représentation.

CHAPITRE VI.

LA LOI NE DOIT POINT ÊTRE L'EXPRESSION DE LA VOLONTÉ
GÉNÉRALE DES PEUPLES ;

TOUS LES DROITS DES PEUPLES, QUANT A LA LÉGISLATION,
SE RÉSOLVENT DANS UN PARLEMENT.

Introduction.

Les partisans de la souveraineté populaire sont entraînés à professer ses principes par l'impossibilité, selon eux, de faire planer sur les peuples une autorité légitime, à moins qu'elle n'ait été établie par les peuples eux-mêmes ; et pour ne parler ici que de la législation (nous examinerons dans le chapitre suivant les titres de l'autorité du prince), ils prescrivent qu'elle puise son autorité dans la volonté nationale, qu'elle émane de cette volonté.

« Tous les hommes, disent-ils, naissent libres et égaux » en droit. Or, comment une loi qui ne prendrait point » ses titres dans la volonté des peuples pourrait-elle avoir » sur eux une autorité légitime ? Si les hommes naissent » libres et égaux, ils ne peuvent être liés que par leur » propre volonté, autrement il n'y aurait que violence, » tyrannie, et non autorité légitime. »

Ces principes engendrent deux systèmes : dans l'un, la volonté des peuples paraît suffisamment tenir le sceptre législatif, quand les peuples se font représenter pour instituer la loi ; c'est le règne de la souveraineté du peuple par voie de représentation.

Les défenseurs de l'autre système sont plus exigeants, parcequ'ils sont plus conséquents; voici leurs discours :

« La volonté ne peut être représentée; ce principe est
» incontestable. Si donc, pour acquérir autorité sur les
» peuples, la loi doit émaner de leur volonté, il faut
» nécessairement que les peuples s'assemblent pour ma-
» nifester cette volonté et créer la loi. Ces principes,
» d'ailleurs, ne sont pas les seuls qui nécessitent, pour
» la législation, le concours de tous les peuples. La loi
» doit satisfaire à leurs intérêts; et qui peut mieux con-
» naître ces intérêts que les peuples eux-mêmes? Elle
» doit être l'œuvre de l'intelligence, de la raison, et par
» conséquent l'œuvre de la volonté générale, représentée
» par la majorité nationale; car tous les hommes n'ont des
» notions positives sur rien : leurs idées n'acquièrent de la
» justesse que par leur conformité avec les idées des autres
» hommes; la majorité des opinions est la seule mesure
» pour donner à leurs principes du crédit et de l'impor-
» tance. Plus cette majorité est large, plus elle a de rec-
» titude dans son jugement; et la majorité nationale, qui
» est la plus large possible, forme l'opinion la plus saine,
» est l'expression même de la raison. Enfin la loi doit être
» garantie, et la puissance suprême que possède la majo-
» rité de la nation peut seule recéler cette garantie.

» Ainsi, la volonté générale des peuples, inspirée par
» leur propre intérêt, et éclairée de la raison, instituera par
» son vote des lois qui tireront leur autorité tout à la fois
» de la volonté des peuples, de leur intérêt et de la raison,
» et qui seront d'ailleurs garanties par la puissance na-
» tionale. Ces lois seront évidemment les meilleures pos-

» sibles, placées sous la meilleure garantie. Les lois doivent
» donc être l'expression de la volonté générale. »

Ce système est bien séduisant; cependant il suffit d'attaquer sa base pour le voir s'écrouler.

L'on remarque que le point principal de la question est d'assurer à la loi une autorité légitime sur les peuples. Cette difficulté une fois résolue, l'on n'aura pas besoin d'arguments très puissants pour faire voir qu'une assemblée d'hommes sages et éclairés aura plutôt caractère pour créer la loi qu'une assemblée populaire.

Pour résoudre la difficulté qui vient d'être signalée, il faudra s'attacher à distinguer la volonté, de la cause qui la fait agir, du sentiment d'intérêt, du bien-être qui la détermine, et montrer ensuite que le sentiment de notre intérêt, de notre bien-être, domine toujours notre volonté; que la loi qui satisfait à cet intérêt et assure le bonheur exerce sur les peuples une autorité naturelle, une autorité nécessaire et légitime, à laquelle ils ne peuvent se soustraire, et qui porte avec elle ses titres de garantie.

Ce point établi, il n'y aura plus qu'à savoir comment doit être conçue et instituée la loi pour satisfaire aux intérêts des peuples et assurer leur bien-être, c'est-à-dire que la solution du problème législatif se trouvera renfermée dans celle de cette dernière question.

Mais toute question, quelle qu'elle soit, est étrangère à la volonté, qui ne peut rien imaginer, rien concevoir, et ressortit uniquement du domaine de l'intelligence et de l'expérience, est seulement susceptible d'être résolue par le conseil ou l'avis le plus éclairé et le plus sage.

Alors tout le problème législatif glissera dans cette question nouvelle : où pourra-t-on recueillir sur les matières législatives le meilleur avis possible ?

Sera-ce dans des assemblées populaires,

Ou dans celles d'hommes choisis, les deux chambres d'un parlement ?

Question oiseuse, quoi qu'en puisse dire la doctrine que je combats, mais qu'il faudra pourtant examiner, puisque c'est par elle qu'en définitive doit se résoudre le problème.

Voilà notre marche toute tracée pour la discussion du présent chapitre.

Nous avons à établir,

Dans un premier paragraphe, que la loi qui satisfait aux intérêts nationaux acquiert sur les peuples une autorité naturelle, et possède d'ailleurs ses titres de garantie, et que, pour satisfaire aux intérêts nationaux, elle doit être, non l'expression de la volonté générale des peuples, mais l'œuvre de la raison, représenté par l'avis le plus éclairé et le plus sage ;

Dans un deuxième paragraphe, que, dans toute assemblée nationale, la volonté générale, qui n'est en réalité que la volonté de la majorité, en la considérant comme l'avis de la majorité, ne forme point l'avis le plus éclairé et le plus sage, l'avis qui doit produire la loi ;

Et dans un troisième paragraphe, que c'est seulement d'assemblées choisies des deux chambres d'un parlement que peut sortir cet avis.

C'est par cette marche de la discussion que l'on verra

tous les droits des peuples, quant à la législation, venir se
résoudre dans un parlement.

§ 1.

LA LOI QUI SATISFAIT AUX INTÉRÊTS NATIONAUX ACQUIERT SUR LES PEUPLES UNE
AUTORITÉ NATURELLE, ET POSSÈDE D'AILLEURS SES TITRES DE GARANTIE.
POUR SATISFAIRE AUX INTÉRÊTS NATIONAUX, ELLE DOIT ÊTRE, NON L'EXPRESSION
DE LA VOLONTÉ GÉNÉRALE DES PEUPLES, MAIS L'ŒUVRE DE LA RAISON RE-
PRÉSENTÉ PAR L'AVIS LE PLUS ÉCLAIRÉ ET LE PLUS SAGE.

Il existe en nous quelque chose d'antérieur à notre
volonté, quelque chose qui est le mobile, la cause déterminante de cette volonté, quelque chose d'indépendant
d'elle, quelque chose qui agit en nous à notre insu, malgré nous, enfin une puissance qui règne sur nous sans
partage.

Cette puissance est le besoin de notre bien-être. Notre
volonté n'existe jamais que par lui et pour lui, et il nous
est impossible d'avoir une volonté contraire à notre bonheur (1).

Je ne puis vouloir, au moment où je parle, me plon-
ger un poignard dans le sein; ce suicide, tant que je
conserverai ma raison saine, ne cadrera point avec mon
bien-être, mon bien-être ne l'ordonnera jamais, et par conséquent je ne trouverai point en moi de cause, de raison
déterminante pour le commettre; et, bien que je puisse
me saisir du poignard, l'appuyer sur mon sein, il est

---

(1) Nous détruirons plus tard les fausses interprétations qu'on pourrait
faire de ces principes, les conséquences dangereuses qu'on pourrait y voir
pour la morale; ne nous attachons en ce moment qu'à leur vérité.

aussi impossible que je l'enfonce de quelques pouces, qu'il est impossible qu'il existe un effet sans cause.

Si l'on me propose un moyen honnête de faire une grande fortune, si l'on me met à portée de rendre un éminent service à mon pays, etc.; et que ces brillants avantages soient affranchis de tous inconvénients, ou du moins que leur contre-poids soit plus léger, ils entraîneront nécessairement ma volonté. Elle ferait de vains efforts pour s'y refuser. Le sentiment de mon bonheur commande; cette cause déterminante, qui agit en moi par sa propre puissance, soumet ma volonté à son irrésistible impulsion.

Ce serait encore inutilement que tous les hommes s'aviseraient de vouloir vivre en misanthropes, de s'isoler dans les déserts et les forêts; comme ils ne sont pas maîtres de préférer le gland au pain de froment, la rigueur des frimas à la douce température de nos appartements, la société des ours à celle des hommes, ils ne sont pas maîtres non plus de se faire sauvages : le besoin de leur bien-être les tient attachés à la société sans que leur volonté puisse se soustraire à ses décrets (1).

_____

(1) A la vérité, bien que nous soyons tous mus par le sentiment, le besoin de notre bien-être, nous ne sommes pas tous portés vers les mêmes objets; car, doués de goûts et d'organes différents, nous trouvons notre bonheur dans la possession d'objets différents; et c'est cette divergence qui rend si précieuse dans la société la liberté individuelle, le libre usage de ses talents, de son industrie, etc., parcequ'alors chacun, suivant sa propre impulsion, marche au bonheur par le sentier que la nature lui indique.

Mais si nous sommes divergents quant aux objets dont la possession assure le bonheur, du moins nous nous réunissons tous, nous sommes tous d'accord sur ce point, que toutes les libertés civiles, tous les avantages de l'ordre

Ainsi la volonté ne se détermine point par sa propre impulsion, sa propre puissance, mais seulement par un sentiment d'intérêt, le besoin du bien-être. Notre intérêt et notre bien-être régissent notre volonté, la dominent, la tiennent sous leur dépendance, nécessairement sans qu'elle puisse se soustraire à leur empire. Le bien-être est à la volonté ce que la cause est à l'effet; et de même que l'effet ne peut être différent de la cause, de même aussi nous ne pouvons avoir, comme je l'ai déjà dit, une volonté contraire à notre bonheur. Il est possible cependant que, pour parvenir à cette fin nécessaire, nous nous trompions sur les moyens; mais l'on conçoit sans peine que cette méprise, et tout ce qu'elle nous ferait faire, ne pourraient être considérés comme l'expression de notre véritable volonté.

Il suit de là :

Que tous principes, toutes lois, toutes institutions politiques qui satisferont aux intérêts des peuples, et assureront leur bien-être, qui s'engrèneront et s'identifieront avec ces causes déterminantes de leur volonté, avec ces causes dominatrices, domineront eux-mêmes les peuples comme le sentiment de leur intérêt, le besoin de leur bien-être les domine;

Qu'ils acquerront une autorité naturelle qui, loin d'émaner de la volonté des peuples, sera aussi indépendante d'elle que la cause est indépendante de l'effet; une

---

social, tous ces éléments du bonheur de tous, ne peuvent être créés et assurés que par de bonnes lois, de bonnes institutions.

Le besoin du bien-être de tous détermine donc la volonté de tous pour de bonnes lois et de bonnes institutions.

autorité nécessaire et légitime, à l'empire de laquelle les peuples ne pourront pas plus se soustraire qu'ils ne peuvent se soustraire à l'empire de la loi suprême, de leur bien-être;

Et que ces principes, ces lois, ces institutions recéleront leurs titres, leur puissance de garantie, puisqu'en satisfaisant aux intérêts nationaux ils intéresseront toute la nation à leur maintien et à leur défense.

Nous allons éclaircir cette métaphysique par des faits.

Qu'on me permette d'abord une courte exposition historique.

Sous les deux premières races de nos rois, le royaume se partageait entre les fils du prince, comme le champ du père de famille entre ses enfants : c'était un patrimoine qui appartenait à tous. Ce malheureux usage fut la source de troubles, de guerres, de désastres continuels. Il affermit la féodalité, et retarda peut-être de huit cents ans la civilisation européenne.

Après que la guerre civile qui s'était élevée entre Charlemagne et son frère, quant au partage de leurs états, fut éteinte par la mort de Carloman, et que Charlemagne eut réuni tout l'empire sous son sceptre, la France commença à respirer, et devint florissante. L'ordre, la paix, la justice y régnèrent; déjà les lettres commençaient à être en crédit, le commerce et l'industrie à prendre leur essor, et ces premiers progrès de la civilisation auraient pu suivre une marche graduelle et constante, et parvenir promptement au point où nous les voyons depuis deux siècles, si la puissance de Charlemagne était passée dans les mains d'un seul monarque.

Mais le partage de son empire arrêta, détruisit ce premier perfectionnement de l'ordre social, et replongea le royaume dans la barbarie.

Lorsque les enfants de Charlemagne eurent fait ce partage; lorsque les rivalités et la guerre eurent éclaté parmi eux; lorsque chacun, pour se fortifier contre son ennemi, eut accordé à ses vassaux des priviléges qui les rendaient trop puissants et minaient le trône, en établissant un nombre infini de souverainetés, qui eurent aussi leurs querelles, leurs guerres, tant entre elles qu'avec leurs seigneurs suzerains; l'on vit régner la plus affreuse confusion, une effroyable misère. Le flambeau des lettres s'éteignit; le commerce et l'industrie s'anéantirent; tout germe de civilisation fut étouffé, disparut. Alors l'empire des lois fut méconnu, ou plutôt il n'exista plus de lois; la force seule les remplaça; chacun voulut se faire justice par soi-même, et ce ne fut partout que guerres civiles, meurtres et brigandages. Des châteaux forts, élevés sur mille points divers, servaient de retraite aux fauteurs de tous ces désordres, assuraient leur impunité et la continuité des malheurs qui désolaient les campagnes.

A la mort de Louis d'Outremer, le prince Hugues, qui exerçait toute l'autorité, envisagea que si Lothaire et Charles, fils du feu roi, partageaient le royaume, son autorité s'affaiblirait nécessairement, puisqu'il ne pourrait être le ministre de deux empires. Pour conserver le pouvoir sans partage, il prit le parti de ne point diviser le royaume et de faire monter sur le trône Lothaire, l'aîné, en excluant Charles, alors en très bas âge.

Le règne de Lothaire fut assez heureux. L'on s'aperçut que les avantages de ce règne étaient dus principalement à la puissance intacte que Lothaire avait conservée. On se rappela d'ailleurs que le règne de Charlemagne n'avait eu autant d'éclat qu'après que tout l'empire avait été réuni sous son autorité. Dès lors le partage du royaume fut considéré comme calamiteux, et n'eut plus lieu. L'exemple qu'avait donné Lothaire fut imité par les premiers rois de la troisième race, qui, pour écarter les prétentions de leurs autres enfants, firent de leur vivant couronner leurs aînés pour succéder à tout l'empire.

Les bonnes mesures produisent toujours leur effet.

Le trône, non partagé, reconquit peu à peu son ancienne puissance, reprit sur ses vassaux son ascendant naturel, et put protéger tous les peuples, tous les intérêts. Les malheureuses guerres civiles que faisait toujours renaître le partage des provinces s'éteignirent; la barbarie qu'elles avaient amenée disparut insensiblement; les mœurs s'adoucirent; les lettres, le commerce, l'industrie, reparurent, vinrent retrouver leur patrie, enfin la prospérité du pays s'agrandit en quelque sorte dans la proportion de l'autorité royale.

L'on remarque qu'aussitôt qu'il fut reconnu que le partage du royaume en faisait la ruine, et que la domination d'un seul sur tout l'empire assurait son salut, l'usage du partage tomba presque de lui-même, et fut remplacé par le principe de la transmission intacte de l'autorité souveraine dans les seules mains du fils aîné du prince; et ce nouvel usage est devenu une loi fondamentale de l'état.

Cette loi, qui dans son origine n'est qu'un simple fait

6

servant d'instrument à l'ambition d'un ministre, où se trouve-t-elle écrite? Nulle part.

Sur quoi repose-t-elle? Sur le bien-être commun qu'elle crée et garantit; et de plus, dira-t-on, sur le consentement tacite des peuples. C'est ce que je nie.

La faculté de consentir emporte avec elle la faculté contraire, et sans la seconde de ces facultés la première ne peut exister : il n'y a plus que nécessité.

Je suppose que, toute la France étant réunie, on lui propose de détruire la loi actuelle, et de rétablir le partage de l'empire entre les enfants du prince : la France ne pourra y consentir. Il lui sera aussi impossible de revenir à l'ancien usage, qu'il est impossible de changer un heureux sort contre un sort infortuné, d'employer sa raison à faire des folies. Le bien-être qu'elle recueille de la loi actuelle enchaîne sa volonté. Cette loi est pour les peuples un instrument de bonheur qui les tient sous sa propre puissance. Cette loi est l'expression d'un principe indépendant de leur volonté, d'un principe qu'ils n'ont point créé, mais seulement découvert; d'un principe qui a pour effet nécessaire la soumission des peuples.

Telle est encore l'autorité monarchique en France : elle ne prend point sa source et sa puissance dans le témoignage de la volonté des peuples; cette autorité a aussi pour base le bien-être commun, et, par ce bien-être, apprécié durant de longs siècles d'expérience, elle attache les peuples à leur insu, les subjugue, et ne s'enquiert point de leur consentement. Nous développerons davantage cette vérité dans le chapitre suivant, en parlant du gouvernement monarchique en général.

L'on pourrait citer tous les usages et toutes les lois, dont l'origine se perd dans la nuit des temps. Ces usages et ces lois tirent leur autorité, non d'aucune volonté, mais de l'efficacité de leurs principes pour satisfaire aux intérêts des peuples.

Il n'est rien de plus illusoire que ce témoignage de la volonté des peuples, de leur consentement, pour baser la législation et établir des institutions. N'avons-nous pas vu les constitutions et les gouvernements de notre révolution, assis sur de pareils consentements, et pourtant s'écrouler en peu d'années, se renverser les uns sur les autres, sans que cette vaine formule de consentement ait pu les étayer ni les préserver de leur chute ?

Comment ! le gouvernement monarchique en France depuis treize siècles se soutient de lui-même avec éclat, est encore aujoud'hui plus vivace que jamais; et ces gouvernements, bâtis sur le consentement des peuples, soutenus par des millions de bras dévoués à leur défense, tombent après quelques instants d'apparition, et s'anéantissent !

Quelle est donc la puissance mystique qui donne tant de force au gouvernement monarchique et détruit les gouvernements populaires ?

Il n'y a point d'autre puissance que celle des principes sur lesquels reposent ces gouvernements.

Le principe monarchique, essentiellement protecteur de l'ordre et du bonheur social, soumet les peuples au gouvernement monarchique, qu'il soutient à travers les siècles.

Le principe de la souveraineté du peuple, qui engendre

continuellement des troubles et la guerre civile, arme
contre les gouvernements qu'il a fondés les bras mêmes
de ceux qui s'étaient engagés à les défendre, et sous leurs
coups périssent ces gouvernements.

C'est toujours la même cause qui agit; c'est toujours
l'intérêt des peuples qui soutient ou renverse les institutions, selon qu'elles parviennent ou non à le satisfaire.

Or, si des lois, des institutions que les peuples
n'ont point établies, mais qui font leur bonheur, enchaînent leur volonté sans qu'ils puissent s'en défendre;
si des lois, des institutions que la volonté des peuples
a établies, mais qui n'assurent point leur bien-être,
tombent au bruit même des serments que fait cette
volonté pour les soutenir; l'expérience, comme les
principes que nous professions tout à l'heure, prouve
que la volonté nationale n'est point le fondement de
l'autorité que la loi exerce sur les peuples, qu'elle ne
forme point non plus une garantie législative, et que
la loi ne peut tenir cette autorité ainsi que sa puissance de garantie que de la satisfaction des intérêts
nationaux.

Maintenant je ferai observer qu'une loi qui satisfait aux
intérêts nationaux remplit nécessairement la fin de son
institution; et puisqu'en même temps elle acquiert une
autorité naturelle sur les peuples, et porte avec elle ses
titres de garantie, elle se trouve donc, par le fait seul qu'elle
satisfait aux intérêts des peuples, réunir tous les titres, et
avoir tous les caractères que peut exiger la législation:
d'où il résulte que, pour instituer la loi et lui assurer les
caractères qu'elle doit avoir, il n'y a point à s'enquérir

de la volonté des peuples, mais seulement de ce qui peut satisfaire à leurs intérêts; c'est-à-dire que la solution du problème législatif se trouve renfermée dans cette seule question : comment la loi doit-elle être conçue et instituée pour satisfaire aux intérêts nationaux?

Mais cette question, comme toute question en général, est étrangère à la volonté, ressort uniquement du domaine de l'intelligence et de l'expérience, est seulement susceptible d'être résolue par le conseil ou l'avis le plus éclairé et le plus sage.

Le problème législatif passe donc dans cette question nouvelle :

Où pourra-t-on recueillir sur les matières législatives le meilleur avis? Sera-ce dans des assemblées populaires, ou dans celles d'hommes choisis dans les deux chambres d'un parlement?

Question que nous examinerons dans les deux paragraphes suivants, bien que sur son énoncé seul la discussion n'en paraisse pas fort nécessaire.

D'après tout ce qui précède, nous pouvons dire, je crois, pour conclure sur le présent paragraphe, que la loi, pour satisfaire aux intérêts nationaux et acquérir l'autorité et les titres de garantie dont elle a besoin, doit être non l'expression de la volonté générale, mais l'œuvre de la raison, représenté par l'avis le plus éclairé et le plus sage.

§ 2.

DANS TOUTE ASSEMBLÉE NATIONALE, L'EXPRESSION DE LA VOLONTÉ GÉNÉRALE, QUI N'EST EN RÉALITÉ QUE L'EXPRESSION DE LA VOLONTÉ DE LA MAJORITÉ, EN LA CONSIDÉRANT COMME L'AVIS DE LA MAJORITÉ, NE FORME POINT L'AVIS LE PLUS ÉCLAIRÉ ET LE PLUS SAGE, L'AVIS QUI DOIT PRODUIRE LA LOI.

Tous les citoyens d'une assemblée nationale, pour avoir un droit égal à voter, n'ont pas une égale instruction, une égale capacité; n'ont pas tous également la faculté de suivre une discussion, de bien examiner et peser le pour et le contre, de se former un avis et de porter un jugement sains.

Dans la confection des lois, c'est principalement l'instruction et l'expérience qui éclairent et servent de guides.

Les classes supérieures de la société pourront, jusqu'à un certain point, se trouver au niveau, parvenir à voir sous leur véritable jour les questions législatives qui leur auront été soumises, se former un avis juste sur ces questions, et les bien juger.

Mais il n'en sera pas de même des autres classes. Les classes moyennes, moins éclairées que les premières, et d'ailleurs incessamment occupées d'intérêts mercantiles et de travaux qui les absorbent, ne sauront voir les choses ni d'assez haut, ni sous toutes leurs faces, et par conséquent les jugeront très mal.

« Un esprit faux, dit Condillac, est celui dont la capa-
» cité n'embrasse point son sujet sous toutes les faces. Il
» juge cependant; mais comme son jugement porte sur
» tout l'ensemble, et qu'il y a des parties qu'il n'a point

» aperçues, qu'il ne connaît point, son jugement porte
» nécessairement à faux; il n'y a que le hasard qui puisse
» le faire rencontrer juste. »

Sauf ces coups de hasard, les classes moyennes, éclairées imparfaitement, auront un avis aussi imparfait, un
avis erroné, et leur jugement portera à faux.

Quant aux dernières classes de la société, les citoyens
qui les composent, remplaçant l'instruction par une
grande ignorance, l'expérience par des préjugés, les lumières par de profondes ténèbres, ne pourront rien comprendre, et seront incapables d'avoir aucun avis sur les
questions législatives.

Remarquons maintenant qu'à mesure que l'on descend de la première classe de la société aux dernières,
chaque classe devient plus nombreuse, à tel point que la
dernière classe compte à elle seule plus de citoyens que
toutes les autres ensemble.

Cette dernière classe représente donc la majorité nationale. Mais comme la dernière classe de la société est dans
l'impuissance de se former aucun avis sur les questions
législatives, la majorité des suffrages, loin de produire l'a-
vis le plus éclairé et le plus sage, n'aboutira qu'au néant.

Si, faisant fléchir la rigueur de la doctrine, l'on exclut
de l'assemblée nationale les dernières classes du peuple,
la majorité des suffrages recueillis dans cette nouvelle
assemblée n'exprimera toujours point le meilleur avis.
Avec un peu d'attention l'on se convaincra facilement de
cette vérité.

Si chaque classe de la société devient plus nombreuse
à mesure que l'on descend de la première aux dernières,

d'un autre côté, l'instruction, et par suite la capacité et les lumières, décroissent en suivant la même gradation de la première classe aux dernières; en telle sorte que chaque classe est d'autant plus ignorante et plus incapable qu'elle est plus nombreuse. Certes l'on ne pourrait prétendre que le nombre doit faire compensation; car il n'en est pas de l'intelligence comme de la force. Cent hommes ont une force centuple d'un seul homme, tandis que cent hommes capables de combiner chacun deux idées seulement ont moins d'intelligence qu'un seul homme qui peut en combiner trois.

Dans la nouvelle assemblée, la partie la plus ignorante et la plus inhabile formera donc la majorité, et par conséquent l'avis de cette majorité ne sera pas le plus éclairé et le plus sage.

Qu'on ne dise point que les plus habiles dans l'assemblée éclaireront les autres, et que de l'urne nationale sortira toujours le conseil où l'avis le meilleur.

L'éloquence démagogique sera le seul guide de la multitude; par les secrets de sa puissance, elle saura faire remplir à son gré l'urne nationale; la voix qui en sortira ne sera que l'écho de celle des démagogues, et sans doute cette voix ne proclamera pas l'avis le plus sage.

Il en serait autrement quant à l'avis de la majorité nationale, si les suffrages portaient sur des questions de fait, parcequ'alors, chaque citoyen n'ayant besoin que du simple usage de ses sens pour asseoir son jugement, l'avis de la majorité serait infaillible.

Rendons ceci plus clair par un double exemple :

Titus fut les délices du genre humain,

Et Néron en fut le fléau.

Si toutes les nations avaient été appelées à donner leur avis sur la conservation ou l'abolition du gouvernement de ces princes, celui de Titus aurait réuni tous les suffrages, et Néron aurait eu au contraire tous les suffrages contre son gouvernement, contre sa tyrannie.

Ces suffrages auraient été parfaits, auraient été réellement l'expression de la sagesse, de la raison, parcequ'ils se seraient appliqués à des faits palpables, pour ainsi dire, à des faits qui font une juste impression sur toutes les classes.

Si l'on eût ensuite expliqué aux peuples que Titus et Néron jouissaient cependant du même pouvoir, et que la différence de leur gouvernement venait de l'usage différent qu'ils faisaient de leur autorité; que Titus s'en servait pour le bonheur des peuples, et Néron pour les martyriser.

Si l'on eût continué à expliquer,

Que les grands et bons princes étant beaucoup plus rares que les inhabiles et méchants, il était de l'intérêt des peuples que le pouvoir suprême fût limité, parcequ'en liant les mains des princes, l'on épargnerait beaucoup plus de maux qu'on ne serait privé de biens;

Que pourtant il ne fallait pas que cette limitation du pouvoir dépassât certaines bornes, la puissance du prince formant la garantie de l'ordre et de la paix entre les citoyens, la garantie de leur liberté et de leur bonheur.

Enfin, si l'on eût examiné la machine du gouvernement dans ses éléments, ses rouages et tous ses détails, pour

connaître l'avis des peuples sur les limitations et les modifications à faire, il aurait été impossible que les peuples
pussent manifester un avis éclairé et sage sur toutes ces
questions trop au-dessus de leur portée. Hé! comment le
peuple sans lumières, sans expérience, pourrait-il juger
des questions si délicates, quand les hommes d'état, nour-
ris dans les détours de la politique, ont eux-mêmes tant
de peine à les décider!

Il est évident, par toutes ces considérations, que, dans
toute assemblée nationale législative, l'expression de la
majorité des suffrages ne formera jamais l'avis le plus
éclairé et le plus sage.

Pour connaître cet avis, il faudrait d'abord exclure de
l'assemblée et empêcher de voter tous les citoyens qui
sont dans l'impuissance de se former aucune opinion; et
dont les suffrages nuls sont néanmoins comptés dans le
calcul de la majorité; puis il faudrait non seulement
compter les suffrages des autres citoyens, mais encore
avoir égard à leur importance, les peser en quelque
sorte, c'est-à-dire faire l'impossible.

Si, dans un tribunal ou une chambre de députés, il suffit de compter les suffrages, c'est parceque tous les membres de ces colléges, appartenant à la même classe, étant
à peu près également instruits et éclairés, leurs suffrages
ont à peu près le même poids, et que c'est véritablement
le nombre qui emporte la balance.

Mais dans une nation, où se trouvent des classes si diverses, où l'on remarque tant de différence entre un homme
et un homme, où le suffrage d'un seul citoyen peut avoir
plus de poids que les suffrages de mille, cent mille autres

citoyens, compter seulement les suffrages est une mesure insuffisante et fausse.

Nous pouvons observer les funestes effets de cette fausse mesure dans l'histoire romaine.

Tout le peuple romain avait d'abord été partagé en 193 centuries, qui avaient une voix chacune dans les assemblées nationales.

Chaque centurie était basée sur les richesses, de manière que les citoyens de la première classe composaient seuls 98 centuries, c'est-à-dire la majorité absolue, et le reste des citoyens était répandu dans les 95 autres.

Plus tard le peuple, dans ses envahissements continuels, obtint que ses assemblées se réuniraient par tribus, et que les lois passeraient dans ces assemblées, où les suffrages étaient comptés à peu près par tête.

Qu'arriva-t-il ?

La république romaine fleurit tant qu'on suivit le premier mode de délibération. Elle tomba en décadence, alla toujours de mal en pis, quand on eut commencé à suivre le second mode.

De tels résultats devaient nécessairement arriver.

Dans le premier mode de délibération, c'était le poids des suffrages qui l'emportait, le poids de la sagesse, de la raison, autant que pouvait le permettre une manière aussi imparfaite de voter. Dans le second mode, c'était le nombre des suffrages, c'est-à-dire l'ignorance, l'incapacité, la déraison. Les effets répondirent aux causes, et l'on peut dire que la république romaine périt pour s'être bornée dans ses assemblées à compter les suffrages au lieu de les peser.

Ce ne sera jamais le nombre des yeux qui fera mieux voir. Que cent hommes cherchent à voir un ciron, ils n'y parviendront jamais; tandis qu'un seul homme, muni d'un microscope, l'apercevra sans peine.

Hé bien! l'expérience, l'instruction et la capacité forment un véritable microscope pour ceux qui les possèdent.

Lorsque le peuple romain, sous les Gracques, en vint aux voies de fait pour soutenir les droits qu'il s'arrogeait, il ne vit pas, comme nous l'avons déjà remarqué, qu'il sapait les fondements de l'état, et par conséquent sa propre puissance.

Camille, un siècle auparavant, avait donné une autre marque de capacité et de prévoyance. En quittant son exil pour venir au secours de sa patrie, il avait été nommé général par les soldats qui s'étaient réunis près de lui, après avoir échappé au fer de Brennus. Camille entrevit combien pouvait être dangereux pour l'état (et ses craintes, dans la suite, ne se sont que trop réalisées.) l'usage de s'arroger et d'exercer le pouvoir sans mission de l'autorité légitime. Malgré l'extrême difficulté pour obtenir cette mission, le sénat étant alors renfermé au Capitole, Camille ne voulut point exercer ses fonctions de général avant que ce titre ne lui eût été confirmé par le sénat.

Je vais citer d'autres exemples :

« Vous n'êtes que des têtes sans cervelle, disait Solon » aux Athéniens, vous donnez aujourd'hui des gardes à » Pisistrate, et demain vous serez sous sa tyrannie. »

Quand toute l'Europe, échauffée par l'éloquence de saint Bernard, se précipitait dans les plaines de la Palestine, l'abbé Sugger était peut-être le seul qui cherchât à

résister au torrent. Ce grand homme entrevoyait l'ineffi-
cacité de tant d'efforts, et les désastres inévitables de ces
entreprises lointaines.

Ainsi Camille, Solon et Sugger firent preuve de plus
de lumières, de prévision et de jugement que des nations
entières. Comment penser, après de tels faits, que l'on
pourra, dans une assemblée nationale, s'assurer du meilleur avis par la simple majorité des suffrages, sans avoir
égard à leur importance, à leur poids ?

L'auteur du *Contrat social* dit, en parlant de la réunion qui se fait de la minorité de l'assemblée nationale
à la majorité (aussitôt que cette majorité est connue)
pour composer la volonté générale : « La volonté constante
» de tous les citoyens est la volonté générale. Quand l'on
» propose une loi dans l'assemblée du peuple, ce que
» l'on demande n'est pas précisément s'ils approuvent
» la proposition ou la rejettent, mais si elle est ou non
» conforme à la volonté générale, qui est la leur. Chacun,
» en donnant son suffrage, dit son avis là-dessus, et du
» calcul des voix se tire la volonté générale. »

Ce calcul est évidemment incomplet et faux.

Ce n'est point pour savoir de quel côté se trouve un
plus grand nombre d'unités que vous assemblez la nation,
mais pour découvrir l'avis le plus éclairé et le plus sage,
le seul qui puisse être l'objet de la volonté générale, le seul
qui puisse aussi obliger la minorité à se réunir, à se soumettre à la majorité, puisque autrement cette réunion serait
sans motif ou commandée par la force.

Or, pour atteindre ce but de la volonté générale, il faudrait, en comptant les suffrages, avoir égard à leur impor-

tance, comme nous l'avons expliqué; il faudrait mesurer, en quelque sorte, l'intensité de la lumière de chaque avis, compter le nombre des rayons qu'il contient, et composer deux faisceaux : le plus considérable, celui qui formerait un plus grand foyer, serait celui qui éclairerait mieux la nation, qui devrait lui servir de guide, celui d'où jaillirait réellement l'avis le plus éclairé et le plus sage.

Si, ayant à additionner douze livres six sous six deniers, je dis : Douze et six font dix-huit, et six vingt-quatre, ce total vingt-quatre sera faux : ce ne sera ni vingt-quatre livres, ni vingt-quatre sous, ni vingt-quatre deniers; ce sera un résultat nul.

Tel serait celui de réunir simplement, sans avoir égard à leur importance, les suffrages ou les avis donnés dans l'assemblée nationale, pour connaître l'avis le plus éclairé et le plus sage; car, d'après ce que nous avons dit jusqu'ici, il est bien certain que, parmi les avis recueillis dans cette assemblée, ceux d'une certaine classe de la nation peuvent être assimilés aux livres de mon calcul, ceux d'une autre classe aux sous, et ainsi de suite jusqu'au scrupule.

L'on verra d'ailleurs au chapitre de l'opinion que, même dans la classe éclairée de la nation, l'avis du plus grand nombre n'est pas le meilleur.

Il est donc constant que, dans toute assemblée nationale législative, l'expression de la volonté générale, en la considérant comme l'avis de la majorité, ne forme point l'avis le plus éclairé et le plus sage, et que dès lors le vote de cette majorité ne doit point produire la loi; car dans l'impuissance de satisfaire pleinement aux intérêts

des peuples, il ne saurait atteindre le but de la législation,
ni lui assurer l'autorité et la puissance de garantie qui lui
sont nécessaires, et qu'elle ne peut trouver que dans la
satisfaction des intérêts nationaux.

Nous aurions pu rappeler, sous ce paragraphe, les passions, les désordres des assemblées populaires, et toutes
les causes qui viennent encore vicier leurs délibérations et
en rabaisser la sagesse ; mais il est inutile, ce semble,
d'insister davantage sur une pareille discussion.

§ 3.

C'EST SEULEMENT D'ASSEMBLÉES CHOISIES DES DEUX CHAMBRES D'UN PARLEMENT
QUE PEUT SORTIR L'AVIS LE PLUS ÉCLAIRÉ ET LE PLUS SAGE, L'AVIS QUI DOIT
DONNER NAISSANCE A LA LOI.

Nous venons de reconnaître dans le paragraphe précédent que l'impossibilité d'obtenir le conseil le plus éclairé et
le plus sage de la majorité d'une assemblée nationale venait
d'abord de l'ignorance d'une partie des votants, dont les suffrages nuls étaient cependant comptés, et principalement de
l'impossibilité d'apprécier l'importance des suffrages, d'a-
voir égard à leur poids après les avoir comptés. Pour
découvrir l'avis dont s'agit, il faut éluder les deux obstacles que nous venons de signaler ; il faut prendre une
autre voie que les assemblées nationales, et chercher à
constituer des assemblées particulières, de telle sorte que
l'avis de la majorité puisse être réellement le meilleur
avis possible, et d'ailleurs celui qu'émettrait elle-même la
majorité d'une assemblée nationale si tous les citoyens
étaient à peu près également instruits et éclairés.

Dans l'esprit de son institution, le jury représente la société entière, parceque les avis de tous les hommes sur de simples questions de fait sont à peu près de même poids, et qu'il suffit de les compter pour connaître, par la majorité, le parti de la vérité. Si le jury est restreint à un petit nombre de voix, si la majorité est peu saillante, le jugement du jury ne sera pas irréfragable; mais quand le jury est nombreux, quand la majorité est forte, son jugement est assurément celui que prononcerait la nation elle-même, si elle était consultée et appelée à voter.

En imitant cette institution, l'on peut constituer deux assemblées d'hommes choisis (les deux chambres d'un parlement), qui soient aussi à portée de prononcer sur les plus hautes questions législatives que le jury ordinaire sur de simples questions de fait, et former ainsi un double jury politique (1).

Dans ces chambres ne se rencontreront plus les écueils dont nous avons parlé. Tous les membres du parlement étant tirés de la première classe de la société, étant parfaitement instruits et éclairés, leurs suffrages seront à peu près de même poids. Alors, d'une part, il n'y aura plus à distinguer l'importance des suffrages; et, d'un autre côté, il n'y aura plus de suffrages nuls. Le simple calcul des voix, le parti de la majorité, fera connaître le meilleur avis.

Cependant il se présente, relativement à ces assem-

----

(1) Nous verrons, quand nous nous occuperons du gouvernement représentatif, comment ces assemblées doivent être constituées.

blées, une difficulté inverse à celle que l'on rencontre dans les assemblées du peuple.

Le peuple a la conscience de ses besoins, mais non l'intelligence, la portée de vue nécessaire pour discuter les lois propres à satisfaire ces besoins et à garantir les intérêts nationaux.

Les deux assemblées d'un parlement ont, au contraire, toute la capacité qu'exige cette discussion. Mais, réduites à un petit nombre, elles ne peuvent connaître les besoins de tous les peuples; elles manquent de documents. Pour les mettre à même de marcher d'un pas sûr, il serait à propos que tous les peuples fussent présents à leurs délibérations, afin de leur donner toutes les informations nécessaires; mais comme les inconvénients et les dangers de ces assemblées les rendent impraticables, l'on conciliera ces difficultés, et l'on mettra le parlement en position de recueillir toutes les informations qui lui seront utiles, en établissant des relations directes entre le parlement et les peuples par la voie des pétitions et celle des élections, dont nous parlerons dans notre neuvième chapitre.

Une fois les choses ordonnées sur ce pied, les deux chambres du parlement seront parfaitement compétentes pour statuer sur la législation; et lorsqu'une forte majorité dans les chambres aura émis un même vœu, un même vote, on pourra le considérer comme celui qu'émettrait la nation, non pas si elle était consultée telle qu'elle se compose, mais si elle était consultée après que toutes les classes seraient parvenues à être également éclairées.

Quand, sous la reine Anne, l'Écosse, par les suf-

frages de son parlement, fut réunie à l'Angleterre, tous
les partis qui divisaient l'Écosse se réunirent pour
attaquer l'union. La nation entière voyait la patrie ven-
due, sacrifiée par le parlement, et livrée aux horreurs
de la servitude; la révolte même se manifesta en divers
endroits.

Cependant le parlement apprécie avec sagesse les avantages que l'union va assurer à l'Écosse; il aperçoit dans
ces avantages le gage du bonheur de la nation, le gage de
son consentement, de sa volonté plus tardive pour
l'union.

La nation proteste positivement contre ces assurances.

Vous en rapporterez-vous à ces protestations? Gardez-
vous-en bien; la nation ne peut avoir une volonté contraire
à son bonheur : si maintenant elle n'en voit pas les éléments dans l'union, laissez se dissiper le nuage qui obscurcit
sa vue; elle reconnaîtra bientôt que le parlement a mieux
discerné, mieux jugé qu'elle-même ses besoins et sa volonté; et que l'union lui a fait échanger des guerres per-
pétuelles avec l'Angleterre, des règnes de factions, d'anarchie et de misère, contre sa tranquillité, une sage liberté,
et une prospérité constante.

C'est ainsi que le parlement, par sa sagesse et ses lumières, l'emportera sur le reste de la nation. Il ne sera
point infaillible sans doute, puisque ses membres sont
des hommes; mais, sauf les cas extraordinaires où il pourra
se méprendre, la majorité parlementaire, formée par le
simple calcul des voix, manifestera toujours, sur les affaires de l'état, le meilleur avis possible, l'avis le plus
éclairé et le plus sage, le seul qui doive produire la loi pour

qu'elle puisse satisfaire aux intérêts nationaux, acquérir sur les peuples une autorité naturelle, une autorité nécessaire et légitime, et recéler ses titres de garantie.

En résumé,

Si la loi, pour atteindre son but, acquérir sur les peuples une autorité naturelle et légitime, et posséder des gages de garantie, doit satisfaire aux intérêts nationaux;

Si pour satisfaire à ces intérêts elle doit être, non l'expression de la volonté générale des peuples, mais l'œuvre de la raison, la conversion en loi de l'avis le plus éclairé et le plus sage;

Si, dans toute assemblée nationale, l'avis de la majorité ne peut être considéré comme le plus éclairé et le plus sage;

Enfin, si c'est seulement d'une majorité parlementaire que peut sortir cet avis;

Il est manifeste que la loi ne doit point être l'expression de la volonté générale des peuples; qu'il faut qu'elle soit établie par une majorité parlementaire (toutefois sous les auspices du prince, qui, chargé de la faire exécuter, doit y concourir et la sanctionner, comme nous l'expliquerons plus tard); que la loi votée par le parlement, non-seulement satisfera aux intérêts nationaux, et remplira de la sorte la fin de son institution, mais encore acquerra sur les peuples une autorité naturelle et légitime, une autorité qui portera avec elle ses gages de garantie; enfin que cette loi réunira tous les titres et aura tous les caractères que peut comporter la législation.

D'une autre part, si l'intérêt des peuples, pour être satisfait, exige que la loi soit instituée par un parlement (et l'on envisage ici la question seulement sous le rapport théorique ; si l'on faisait ressortir les inconvénients et les dangers que présentent les assemblées populaires, et que nous avons signalés ailleurs, combien les décrets de cet intérêt des peuples seraient plus impératifs !) ;

Si d'ailleurs l'intérêt des peuples, le sentiment de leur bien-être, les domine nécessairement sans qu'ils puissent se soustraire à son empire;

Comment les peuples pourraient-ils avoir des droits législatifs indépendants de ceux dont est investi le parlement, avoir des droits contraires à leurs intérêts ? Et lors même qu'ils posséderaient de pareils droits, où trouveraient-ils la volonté de les exercer ?

Il est encore évident que tous les droits des peuples, quant à la législation, tous leurs droits réels conformes à leurs intérêts, à la raison, se résolvent dans l'institution d'un parlement.

En un mot, dès que l'intérêt des peuples investit le prince et le parlement du droit législatif, les peuples ne peuvent ni posséder ni exercer ce droit, parceque autrement ils ne seraient plus soumis à la loi suprême de leur bien-être; et par conséquent toutes leurs prétentions législatives se résolvent dans un parlement.

Il est à propos de remarquer que le parlement ne doit point être considéré comme représentant le peuple, car, la loi ne devant être l'expression d'aucune volonté, aucune volonté (supposé que sa représentation soit possible) n'a à se faire représenter pour la produire, mais comme une institution ou plutôt comme un instrument intellectuel capable seul de créer la loi; comme une institution qui, sous le rapport législatif, est l'expression même de l'intérêt

des peuples, et les tient sous sa dépendance aussi nécessairement que leur intérêt les tient sous sa loi.

A l'égard des garanties que doit présenter le parlement
pour l'exercice constant de sa puissance dans l'intérêt des
peuples, elles ressortiront des chapitres 8, 9 et 10.

Avant de passer au chapitre suivant, j'ai besoin de
m'arrêter sur le principe qui m'a servi de base dans la
discussion du présent chapitre.

J'ai dit que la volonté ne se détermine point par sa
propre impulsion, sa propre puissance; que le bien-être
est la cause nécessaire et déterminante de la volonté; et
que nous ne pouvons avoir une volonté contraire à notre
bonheur.

Cette impulsion, ce principe d'entraînement irrésistible
de notre bien-être, peut donner lieu à de fausses interprétations et paraître présenter des dangers pour la morale.
Il est donc nécessaire de prévenir ces interprétations
mensongères, et de montrer qu'il n'y a point de dangers à
craindre.

Oui, toujours notre bien-être détermine notre volonté
et nous entraîne; mais la raison et la conscience, ces grands
principes que la Divinité a gravés dans l'esprit et le cœur
de tous les hommes, nous font voir et sentir que le bonheur
ne se trouve jamais hors la vertu, hors le témoignage
d'une bonne conscience;

Que les passions qui s'emparent sans cesse de nous,
quelque séduisantes, quelque délicieuses qu'elles nous
paraissent, nous rendraient malheureux si elles nous faisaient blesser nos devoirs;

Qu'en toutes circonstances il faut que nos devoirs soient saufs, et que c'est à les remplir que nous goûterons la félicité la plus parfaite.

« Sois honnête homme le matin, dit Confucius, tu peux » mourir le soir; tu auras été heureux, tu t'applaudiras » d'avoir vécu, et tu te consoleras de mourir. » L'on ne dirait pas également, Sois riche, sois puissant, sois comblé de gloire; car tout cela ne satisfait pas entièrement, laisse du vide, ne va qu'à l'écorce de l'homme. Il n'y a que la conscience d'une bonne action qui le pénètre, s'attache à l'âme, l'enivre, et lui fait savourer un bonheur complet.

Cicéron éprouvait bien vivement ce sentiment, quand, en s'entretenant avec Atticus sur son administration en Asie, il lui écrivait :

« Je ne me vanterai point d'avoir sacrifié mon plaisir à » mon devoir, car j'ai trouvé dans ma fidélité à le remplir, » le plus vif bonheur que j'aie jamais goûté de ma vie. »

Qu'on se souvienne que Cicéron avait été consul, qu'il avait sauvé la patrie, et qu'il avait été surnommé le père du peuple;

Que, dans le scandaleux procès que Clodius lui intenta, le sénat, tous les ordres de l'état et les premiers citoyens de Rome prirent le deuil;

Qu'au retour de son exil, Rome et toute l'Italie allèrent au-devant de lui, et fêtèrent son arrivée.

Est-il rien de plus flatteur, de plus glorieux?

Et pourtant Cicéron avoue lui-même que le plaisir d'avoir bien rempli ses devoirs est au-dessus de tous ces plaisirs de gloire et d'amour-propre. Il n'y a donc pour le bonheur rien au-delà du témoignage d'une conscience active et pure?

« Deux choses dans le monde donnent une véritable » satisfaction, disait Locke à M. Collins, le sentiment d'une » bonne conscience, et l'espoir d'une autre vie. »

Ah! sûrement ce sont là les sources de notre bien-être, du véritable bonheur; et ces sources, si elles étaient taries, ne laisseraient à l'âme qu'amertume, sécheresse et misère.

Si donc notre volonté est toujours sous l'empire de notre bien-être, le bien-être, à son tour, est placé sous l'empire de la morale que sanctionne la religion, sous l'empire de la conscience, de cette loi que Cicéron appelle la droite raison, conforme à la nature universelle, immuable, éternelle; de cette loi qui invite au devoir, et dont les prohibitions éloignent du mal; de cette loi promulguée par Dieu même, et que l'homme ne peut transgresser sans se fuir lui-même, sans renier sa nature, et par cela seul sans subir les plus dures expiations, eût-il évité d'ailleurs tout ce qu'on appelle supplice.

En cet état,

Ou les actions auxquelles nous nous portons nous sont inspirées tout à la fois par le sentiment de la conscience et du bien-être qui se confondent,

Ou bien elles nous sont inspirées par le simple sentiment du bien-être, mais sans obstacle de la part de la conscience;

Ou bien enfin nous sommes entraînés à des actions que réprouve la conscience, à des actions honteuses.

Dans les deux premières hypothèses, le sentiment de

notre bien-être est la cause nécessaire et déterminante de
notre volonté.

Mais, dans la dernière hypothèse, le mobile qui nous
fait agir n'est plus le sentiment du bien-être ; car la répu-
gnance, les angoises qu'éprouve la conscience à l'aspect
de ces actions coupables, les censures qu'elle en fait,
les conseils qu'elle nous donne, les vifs regrets, les remords qu'elle nous fait pressentir, enfin tous les soins,
tous les efforts que déploie la conscience pour nous dé-
tourner du mal, tout ce qu'elle éprouve et toutes les réac-
tions qui se reproduisent en nous, décolorent et noircissent
cette perspective de bonheur que nous présentaient d'abord
les objets qui nous ont séduits. Il ne peut plus y avoir de
bien-être, il ne peut plus y avoir de cause nécessaire et
déterminante de notre volonté; et si l'action censurée se
consomme cependant, ce n'est plus que par aveuglement,
par dépravation ou folie.

L'homme qui manque à sa conscience, à l'honneur,
qui commet un suicide moral, comme l'homme qui commet un suicide physique, n'a plus la plénitude de sa raison ;
il peut encore parler juste sur quelque point, mais il porte
des germes de folie, et c'est de là que part le mobile qui
le dirige.

Non, jamais le bien-être ne peut se baser sur des actions
honteuses, des actions que réprouvent la conscience et la
morale, et par conséquent jamais notre volonté soumise
à notre bien-être ne peut être déterminée à de pareilles
actions; jamais ce principe de la soumission de la volonté
au bien-être ne peut avoir de conséquences dangereuses
pour la morale.

Ce ne sont pas d'ailleurs les richesses et la grandeur, ces faveurs de la fortune partagées entre un petit nombre, qui font le bonheur : les éléments du bonheur sont plus simples, sont plus à la portée de tous les hommes.

Santé du corps, paix de l'âme, action du cœur, voilà les vrais biens de la vie, les seuls par lesquels nous puissions être heureux. Les richesses et la grandeur peuvent y ajouter quelquefois, mais jamais elles ne sauraient les suppléer.

Si par vos excès vous altérez votre santé, votre bonheur aussi s'altère, et j'envisage ici la santé moins sous le rapport physique que sous le rapport de l'influence fâcheuse qu'un corps dégradé exerce sur l'âme.

Si, manquant à vos devoirs, blessant les principes de la morale, vous troublez la paix de l'âme, vous la livrez aux amers reproches, aux remords, il n'est plus de bonheur possible.

Mais si, réunissant les deux premières conditions, vous les couronnez par les plaisirs du cœur, les plaisirs de l'amitié, de la bienfaisance, et tous ces nobles sentiments qui embrasent et vivifient l'honnête homme, vous atteignez la cime du bonheur, la cime de ce bien-être vers lequel nous gravitons sans cesse, le seul qui soit dans la nature de l'homme raisonnable, le seul qui soit la cause nécessaire et déterminante de sa volonté.

O que la nature est riche ! qu'elle est admirable ! Il n'est point d'homme, quelque bas qu'il soit placé, qui ne puisse ainsi ou du moins qui n'ait presque toujours la puissance de se faire un sort que la sagesse n'échangerait point contre le trône des rois.

Qu'est-ce que l'or, qu'est-ce que la grandeur, pesés avec une bonne action, pesés dans la balance du véritable bonheur?

Vincent de Paul se chargeant des chaînes d'un forçat a-t-il quelque chose à envier à Louis XIV enchaînant les nations?

Que serait la vie elle-même s'il devenait nécessaire d'en faire le sacrifice au salut de tous, au salut de la patrie; quel est l'homme qui ne consentît avec joie à mourir pour assurer au prix de son sang la prospérité, la gloire, le bonheur de son pays? Heureux alors, mille fois heureux celui à qui la fortune propice permettrait de payer à la vertu le tribut qu'il doit à la nature, et de se dépouiller de cette vie mortelle pour revêtir la couronne de l'immortalité!

CHAPITRE VII.

L'AUTORITÉ N'EST POINT UNE CRÉATION DE L'HOMME. — CE N'EST NI PAR LE DROIT DIVIN, NI PAR UNE DÉLÉGATION DE LA PART DES PEUPLES QUE RÈGNENT LES PRINCES : LEUR AUTORITÉ EST NÉCESSAIRE ; — LE GOUVERNEMENT MONARCHIQUE EST PAR CONSÉQUENT AUSSI NÉCESSAIRE.

§ 1.

L'AUTORITÉ N'EST POINT UNE CRÉATION DE L'HOMME.

Tous les hommes naissent avec des affections sociales, avec le besoin de vivre en société ; d'ailleurs la différence de leur aptitude, de leurs talents, de leur industrie, le don de la parole, et surtout le sentiment de la compassion qui les porte à partager les peines de leurs semblables, prouvent évidemment leur destination sociale.

La société est donc la réalisation d'une loi de nature, est donc nécessaire.

Mais la société ne peut exister sans un pouvoir régulateur, sans une autorité quelconque qui la constitue ; l'autorité est donc une corollaire de la nécessité de société, est aussi nécessaire qu'elle-même.

Ainsi l'autorité comme la société ne sont pas d'institution humaine, mais bien le développement d'une loi de nature, de la loi du bien-être social, qui nous régit tous.

Nous verrons, dans le paragraphe suivant, comment sur ce fond s'établissent et se constituent les empires, comment naît et se perpétue l'autorité.

§ 2.

CE N'EST NI PAR LE DROIT DIVIN NI PAR UNE DÉLÉGATION DE LA PART DES PEUPLES QUE RÈGNENT LES PRINCES : LEUR AUTORITÉ EST NÉCESSAIRE.

Nous allons montrer d'abord que l'autorité des premiers princes commence à s'établir par le bien-être que leurs talents, leur génie ou leur puissance personnelle assurent aux peuples ; et qu'elle est l'œuvre de ces premiers princes, sans participer d'aucune délégation. Nous ferons voir ensuite comment l'autorité se perpétue ; et, en tirant des faits que nous présente l'histoire, et de nos principes théoriques, les conséquences qu'ils renferment, nous reconnaîtrons qu'en effet l'autorité des princes est nécessaire.

L'on a dit que nos premiers aïeux, pour leur sûreté et le bien-être commun, se rassemblèrent en société, et choisirent un chef, à qui ils confièrent l'autorité. Non, ce n'est point de cette manière que se sont formées les premières sociétés, que les premiers chefs, les premiers princes, ont été investis de l'autorité ; ce serait supposer dans des sauvages des idées d'ordre social et de civilisation, qu'ils ne peuvent avoir.

Tous les hommes portent dans le cœur le besoin de leur bien-être, le désir de vivre en société. Mais ces éléments, ces matériaux de l'ordre social, pour être mis en œuvre, exigent une main habile, un homme supérieur. C'est cet homme supérieur qui, par ses talents, son génie et son ascendant sur les autres hommes, est parvenu à les réunir en société.

Il les a policés, leur a donné des lois. Il les a défendus, ou bien a dirigé leurs bras contre toute agression étrangère, et a réprimé les séditions dans l'intérieur. Il a ébauché l'ordre social, auquel ces nouveaux citoyens se sont attachés par l'avantage qu'ils y ont trouvé. Enfin il a constamment perfectionné son ouvrage, protégé ses sujets, et a régné sur eux par le bien-être qu'il leur assurait : c'est-à-dire que son autorité n'était que la manifestation de sa propre puissance, et non l'œuvre d'une délégation que des sauvages n'auraient pu comprendre.

Tel est le tableau que nous présentent les allégories de la fable : Orphée, par la douceur de ses accents, attirait à ses pieds les lions et les tigres, agitait les arbres, suspendait le cours des fleuves, et rendait même les rochers sensibles.

Cette allégorie nous apprend qu'Orphée, par sa douceur, ses talents, son génie, sut arracher des forêts les sauvages qui les habitaient, les réunit en société, les policça, et les soumit à son obéissance.

Aristote donne une pareille origine à la monarchie royale des temps héroïques.

« Les premiers rois, dit-il, furent les bienfaiteurs de » la multitude, ou par les arts qu'ils lui apportèrent, ou » par la guerre qu'ils soutinrent pour elle, ou par les » soins qu'ils prirent de la rassembler (1). »

_____

(1) L'autorité paternelle est la première qui ait été d'abord exercée. Mais, après la mort du père, chacun des enfants, devenu lui-même chef de famille,

Nous pouvons reconnaître, en parcourant l'histoire, que c'est en effet par le bien-être qu'ils assurent aux peuples que les premiers princes établissent leur autorité.

Jetons d'abord un coup d'œil sur l'origine des nations anciennes qui ont eu le plus d'éclat, sur Carthage, Athènes et Rome :

Didon s'enfuit de Tyr pour échapper aux poursuites de Pygmalion; elle aborde en Afrique, et, avec les gens de sa suite et les ressources que lui fournissent ses trésors, elle jette les fondements de l'empire de Carthage.

Cecrops débarque en Grèce à la tête d'aventuriers qui ont attaché leur fortune à la sienne. Par la douceur de son autorité, Cecrops attire à lui une partie des habitants du pays : il leur donne des lois, les distribue en douze cantons, établit un sénat, et constitue enfin une petite nation qu'il gouverne.

Romulus réunit autour de sa personne un grand nombre de pâtres et de gens de toutes conditions que l'ascendant de son génie soumet à son autorité (1). Il bâtit une ville, y attire des étrangers, donne à cette réunion confuse des lois, un sénat et des magistrats, et en forme un peuple auquel il commande.

---

exerça cette autorité à son tour, et n'eut plus, pour aucun individu, l'obéissance de respect et d'amour qu'il avait eue pour son père. Le sentiment de son intérêt put seul désormais le soumettre à une autorité étrangère, c'est-à-dire que l'autorité s'établit sur tous ces chefs de famille par le bien-être qu'elle leur assura, par la puissance qui créa ce bien-être.

(1) Il est des hommes qui paraissent nés pour le commandement : l'un des exemples les plus marquants qu'on puisse citer est celui de César.

Qu'on le voie lorsque, livré entièrement à l'étude dans sa retraite de

Je demande si Didon, Cecrops et Romulus tenaient leur autorité des petits corps de nation qu'ils venaient de fonder; ou si plutôt ces nations ne tenaient point leur existence des richesses personnelles, de la puissance et du génie de leurs fondateurs? L'affirmative sur cette dernière question n'est pas, je crois, douteuse; et l'on voit Didon, Cecrops et Romulus régner sur leurs sujets par le bien-être qu'ils leur assurent, exercer dans leur empire l'autorité de fondateur, une espèce d'autorité naturelle, qui découle de leur propre puissance, et ne prend point ses titres réels dans la délégation des peuples.

Cependant, alléguera-t-on, Romulus fut roi par élec-

Rhodes, il apprend que Mithridate vient d'attaquer les provinces alliées des Romains.

Quoique simple citoyen alors, il passe sur le continent, rassemble des troupes, et bat les généraux du roi de Pont.

Comment, voilà César devenu tout-à-coup général; le voilà exerçant l'autorité sur une multitude de soldats et d'officiers; le voilà dictant des lois à Mithridate! A quel titre? D'où lui vient cette autorité, cette puissance? Lui a-t-elle été déléguée par le sénat? Nullement; César n'a reçu d'autorité et de mission que de son génie.

Le même César est nommé consul avec Biblus : ils ont reçu du peuple un pouvoir égal; tous deux sont chefs de la république. Cependant César exerce seul une puissance absolue, au point que, par dérision, son consulat est appelé par le peuple le consulat de Jules et de César.

Biblus, dont l'autorité s'anéantit devant celle de César, subit le joug du génie, le joug que la république devait bientôt subir elle-même. Au surplus, l'exemple de César, en fournissant un témoignage de l'ascendant de l'empire naturel que peut donner le génie, montre en même temps, ainsi que toutes les guerres qui ont eu lieu avant et après César, entre les premiers personnages de Rome, pour s'emparer du pouvoir, à quel danger est exposée une nation, comme nous le dirons plus tard, quand le pouvoir est à la merci des plus puissants, des plus habiles, et que l'autorité de droit qui constitue la nation n'est point respectée.

tion : cette élection, si elle a eu lieu, ne prouve rien
contre l'autorité naturelle que Romulus avait acquise sur
son peuple. Il était roi de fait lorsqu'il fut élu, et de plus,
roi nécessaire: car c'était son génie qui avait tout créé;
et qui peut mieux conserver que le créateur? S'il voulut
par l'élection donner plus de lustre à son autorité, ou
peut-être laisser aux Romains la prérogative de lui déférer
un titre, de qualifier son gouvernement, c'est qu'il était
assuré que cette vaine formalité ne pourrait le renverser.
Le caractère et la conduite de Romulus pendant tout
son règne annoncent bien qu'il n'était point homme à devenir simple citoyen dans Rome. En un mot, Romulus,
avant l'élection, jouissait d'une autorité qu'il ne devait
qu'à sa supériorité; c'est cette supériorité qui l'a couronné,
qui a continué à tenir les peuples soumis à un gouvernement qui garantissait leurs intérêts.

Dans le moyen âge, des hommes puissants par leurs
richesses et leurs grandes qualités fondent en Italie,
comme l'explique notre quatrième chapitre, de grandes
principautés, des débris de petites républiques, et règnent
aussi par les titres qu'ils tiennent de leur propre puissance, par leurs titres de fondateurs. Je ne parlerai ici
que de Côme de Médicis, ou plutôt je laisserai parler
Robertson.

« La magnificence et les vertus du premier Côme de
» Médicis, dit Robertson, jointes aux richesses immen-
» ses que sa famille avait acquises par le commerce, lui
» donnèrent tant d'empire sur l'esprit de ses concitoyens,
» que, sans détruire les formes du gouvernement répu-
» blicain, en laissant même les départements divers de

» l'administration à des magistrats distingués par l'an-
» cienneté de leurs familles, Côme devint le chef de la
» république, et, sans sortir de l'état de simple citoyens,
» exerça l'autorité suprême, qu'il transmit à ses descen-
» dants. »

La plupart des petites souverainetés qui se sont formées
en Europe à la même époque du moyen âge (et un
grand nombre de ces souverainetés existent encore en
Allemagne) tiraient également leur origine de la puissance personnelle des princes, et des avantages qu'elle
assurait aux peuples. Cette origine est facile à reconnaître.

Après que les peuples sortis de la Germanie se furent
emparés de tout le pays qui était sous la domination
romaine, ils le partagèrent entre eux, et chaque chef
comme chaque soldat devint propriétaire absolu, et seul
seigneur du domaine qui lui était échu, sauf à marcher
à la guerre sous les étendards du roi, pour la défense du
territoire commun; du reste, chaque propriétaire était
parfaitement libre et indépendant.

Sous les successeurs de Charlemagne, l'Europe fut
plongée dans un tel état de désordre et d'anarchie, que
tous les liens d'union entre les différents membres du
corps politique étaient brisés, et les citoyens exposés à
toutes sortes de dangers et de brigandages, sans pouvoir
attendre aucun secours du prince.

Chacun sentit alors le besoin de chercher un protecteur sous la puissance duquel il pût assurer sa liberté et
sa propriété. Ce fut par ces motifs que les moins puissants
d'entre les hommes libres renoncèrent à leur indépendance
pour se placer sous la sauvegarde des grands barons, en

se soumettant envers eux au service et à la dépendance féodale (1).

La puissance personnelle des grands barons, en devenant la sauvegarde d'un grand nombre de citoyens, en protégeant et défendant la vie et les propriétés de ces citoyens, fut donc la source de l'autorité des barons, le principe créateur de leur souveraineté, c'est-à-dire que ces princes établirent leur règne par le bien-être que leur puissance personnelle assura à leurs sujets.

Dans tous ces exemples l'on n'aperçoit point de délégation. La forme même de la délégation est d'ordinaire moins une transmission de pouvoir, que la reconnaissance d'une supériorité, d'une puissance de fait, capable de protéger les peuples, et sous l'empire de laquelle ils vont se placer. Je me bornerai à appuyer ici cette assertion par un simple fait historique, sauf à la mieux développer lorsque je parlerai de l'élection des princes.

A la mort de Louis IV, dernier des princes carlovingiens, l'Allemagne était sur le point de se diviser en plusieurs souverainetés indépendantes et ennemies les unes des autres. Le salut commun réclamait un protecteur. Deux princes s'élevaient au-dessus des autres par leur puissance : Othon, le grand-duc de Saxe; et Conrad, duc de Franconie. Mais Othon, indépendamment de la puissance dont il jouissait comme duc de Saxe, possédait de

___

(1) Il est évident qu'il est question ici seulement de l'autorité que les hommes libres et puissants ont acquise sur d'autres hommes libres moins puissants, et non de cette autorité barbare que le régime féodal conférait aux conquérants sur les peuples vaincus, autorité qui n'avait d'autre titre que la victoire, et qui emportait droit de vie et de mort sur les malheureux serfs.

grandes qualités qui le distinguaient de son rival. Il était
l'homme royal dont l'Allemagne avait besoin, l'homme qui
par ses talents et sa puissance personnelle pouvait protéger les peuples et leur garantir la paix. C'est ce que
témoignèrent les princes allemands, en offrant à Othon
de le déclarer empereur et de se mettre sous sa protection.
Mais des raisons particulières lui ayant fait refuser ces
offres, les Allemands vinrent se placer sous la puissance
de Conrad. Il est manifeste que ce fut cette puissance
qui donna à Conrad l'empire sur toute l'Allemagne; elle
était l'arbre sous lequel les peuples menacés par l'orage
venaient chercher un abri; elle était un fait préexistant
à la délégation, et que la délégation avait seulement reconnu (1).

L'histoire nous enseigne donc que c'est le génie ou la
puissance qui crée l'ordre social, fonde et reconstitue les
empires, et exerce sur son ouvrage une autorité naturelle.

---

(1) Les supériorités de fait, la puissance que donnent les richesses ou le
génie, ont tant d'empire, que l'on voit quelquefois l'autorité de droit venir lui
céder le sceptre.

Quand le sénat romain, pour combattre César, confie à Pompée le sort de
la république, cette délégation apparente du sénat n'est point encore une
transmission du pouvoir. Si le sénat avait pu, par délégation, constituer un
pouvoir pour sauver la république, il aurait fait Caton dictateur, et n'aurait
pas confié ses destinées à Pompée, à cet ancien triumvir qui n'inspirait guère
moins de défiance que César.

Mais au point où en étaient les choses, il n'y avait plus que Pompée qui pût
sauver la république. Le nom seul de Pompée était une puissance, et le sénat,
en venant contre son gré se placer sous la protection de Pompée, ne faisait
que reconnaître la puissance de Pompée c'est-à-dire que l'autorité de droit
subissait le joug de la puissance de fait.

Mais, une fois l'empire fondé, cette autorité naturelle, cette autorité de fait, doit se convertir en autorité de droit, se fixer dans les mains du premier prince, et ensuite dans celles de sa famille par le droit d'hérédité, la légitimité; parceque si le pouvoir était toujours le prix des talents et du génie, s'il restait livré à la concurrence de toutes les supériorités de fait, de tous les prétendants qui viendraient se le disputer, les guerres qu'entraînerait cette dispute ruineraient l'état et le détruiraient promptement.

Ainsi, la fixité du pouvoir par l'hérédité ou la légitimité est dans l'intérêt de l'ordre social, *nécessaire;* l'autorité qui s'est établie d'elle-même en satisfaisant aux intérêts, aux besoins des peuples, en assurant leur bien-être, continue, sous le principe de l'hérédité, de subsister aux mêmes titres, sans participer d'aucune délégation populaire; et même lorsque s'éteint la maison légitime, la maison fondatrice de l'empire, une autre maison peut fonder une nouvelle dynastie, et la baser sur une autorité aussi affranchie du principe de la délégation, si cette nouvelle maison, par sa puissance personnelle, les talents et le génie de ses princes, forme un protectorat *nécessaire* pour la nation, et assurer son salut. Les fastes de la France nous fournissent des exemples de ces dynasties à diverses origines.

Clovis, fondateur de notre monarchie, était d'abord roi d'une petite tribu des Francs, comme prince de la famille royale, qui donnait seule des rois à tous les peuples francs.

Le principe de la légitimité était consacré parmi ces peuples; bien qu'on voie souvent les princes élevés sur le pavois et proclamés en présence des seigneurs et du peuple. Cette cérémonie était moins une élection qu'une reconnaissance analogue à celle d'un officier à la tête de son régiment ; reconnaissance assez d'usage alors, parceque la succession au trône étant seulement attachée à la famille, et non aux chefs par primogéniture, il fallait faire connaître au peuple le prince que les circonstances ou un choix arbitraire de la part d'un chef puissant mettaient à la tête de la nation.

Clovis, ainsi roi légitime d'une seule tribu, agrandit son empire de diverses autres tribus, soit par la conquête, soit par la protection que plusieurs peuples viennent rechercher sous son autorité, après la mort de leurs princes, et fonde dans les Gaules la monarchie française, sur laquelle il exerce l'autorité naturelle de fondateur.

Ses descendants, pendant plus de deux siècles, occupent le trône, qui est ensuite envahi par Pepin-le-Bref, chef d'une dynastie nouvelle ; et cette dynastie, trois siècles plus tard, est à son tour remplacée par une autre dynastie, dont Hugues Capet est le chef.

Certainement Pepin et Hugues furent des usurpateurs (1). Mais après l'extinction des races légitimes,

---

(1) Le pouvoir usurpé doit être envisagé sous différentes faces.

Tant que la maison légitime n'est point éteinte, l'usurpation reste toujours ce qu'elle était à son origine ; c'est une tyrannie qui n'a d'autre titre que la force, même lorsque l'usurpateur rendrait les peuples heureux, parce que l'usurpation, comme nous l'observerons tout à l'heure, est un germe de troubles et de désordres qui menace de faire naître plus de calamités que l'usurpateur ne saurait assurer de bienfaits :

Mais quand la maison légitime s'éteint, la question a deux aspects.

Si l'usurpateur est un tyran, il n'a toujours que le titre de la force, c'est-à-dire point de titre ;

leur autorité se légitima, et donna naissance à de nouvelles dynasties, comme nous allons l'expliquer.

Pepin et Charles Martel, son père, avaient plusieurs
fois sauvé la France, l'avaient fait triompher des Allemands,
des Saxons, des Frisons, et surtout des Sarrasins, de ces
fiers conquérants déjà maîtres de l'Espagne et d'une partie
de l'Afrique et de l'Asie.

Hugues Capet, Hugues-le-Grand son père, le roi
Eudes son aïeul, et Robert-le-Fort, comte d'Anjou, son
bisaïeul, qui paraît descendre de Charles Martel, avaient
aussi sauvé la France contre les invasions des Normands
et des Germains.

Pepin et Hugues Capet étaient d'ailleurs les seigneurs les
plus puissants du royaume. Ils avaient de grands talents pour
la guerre et le gouvernement, et, dans les circonstances
où se trouvait la France, continuellement menacée de
guerres au dehors et de guerres intestines que provoquaient
les jalousies et les envahissements des grands vassaux, ils
étaient les seuls hommes qui pussent soutenir la nation et
prévenir sa ruine.

« Deux fois, dit M. Anquetil, le royaume a été exposé
» à une dissolution totale, et chaque fois il s'est trouvé un

---

Mais si son gouvernement est sage et heureux, son autorité se convertit en
autorité légitime ; parceque s'il ne tenait point les rênes de l'état, la nation,
qui s'occuperait de l'élection d'un prince, aurait deux chances à courir,
l'anarchie de la vacance du trône, et le mauvais choix qu'elle pourrait faire
ou qui pourrait lui être imposé par les factions : l'usurpateur, en sauvant à
la nation ces deux mauvaises chances, en prévenant l'anarchie et assurant
le bien-être des peuples, retrouve dans ce bien-être la source d'une autorité
légitime.

» homme qui en a réuni les parties qui se séparaient, et
» en a fait un tout mieux cimenté qu'auparavant. Ces deux
» hommes sont Pepin-le-Bref et Hugues-Capet. »

Si la France dut son salut à la puissance des maisons
de Pepin et de Hugues, et particulièrement à la puissance
personnelle de ces deux princes, à leurs grandes qualités,
Pepin et Hugues, après la mort des derniers princes de
la maison légitime, trouvèrent, dans les grands services
rendus à la patrie par eux et leurs maisons, des titres
qui légitimèrent leur autorité. Et comment la monarchie
française, qui périssait sans l'appui de ces deux princes,
pouvait-elle se soustraire à leur empire? La soumission
était nécessaire, et de cette sorte l'autorité des deux princes
devint la souche de nouvelles dynasties, aussi légitimes
que la première, et sans tirer non plus qu'elle leur
origine de la délégation des peuples.

L'on objecte cependant que Pepin et Hugues furent
rois d'élection.

Mais que signifie une élection faite par quelques seigneurs qui n'avaient aucun titre fondé? Cette élection, qui
violait la légitimité, sans même prendre sa source dans le
peuple, était seulement un consentement personnel des
seigneurs au règne de Pepin et de Hugues; consentement
équivalent, de la part de vassaux ambitieux qui s'arrachaient les lambeaux de la couronne, à une confession de
leur propre impuissance pour renverser l'autorité naturelle
que donnaient aux nouveaux princes, et leur génie, et leur
puissance personnelle, ainsi que les grands services rendus à la France par eux et leurs maisons.

Au reste, nous envisagerons plus tard le cas d'élection, et nous verrons qu'il ne détruit point nos principes.

En remontant à l'origine de toutes les maisons souveraines (supposé que cette origine puisse être découverte),
l'on observerait sans doute que c'est presque toujours par
leurs talents, leur génie ou leur puissance personnelle, et
par le bien-être qu'ils assurent aux peuples, que les premiers princes établissent leur règne et exercent une autorité
naturelle qu'ils transmettent à leurs descendants.

« Qu'un homme, quel qu'il soit, alléguera-t-on, en fai-
» sant le bonheur d'un peuple, se l'attache à tel point
» que ce peuple se trouve soumis à son autorité avant
» même qu'il s'en soit aperçu, cette soumission est dans
» l'ordre, est toute naturelle.

» Mais dès que cet homme cessera de remplir les
» vœux de la nation, il cessera aussi d'être investi de
» l'autorité; et loin que sa postérité ait aucun titre au gou-
» vernement, il faudra que la nation arrache le pouvoir
» des mains de ce premier prince lui-même, et qu'elle le
» précipite du trône pour y placer un prince plus digne
» de l'occuper. »

Au commencement des sociétés, les peuples qui
étaient malheureux par le fait de leurs princes ont pu
chercher à les détrôner et à s'emparer de l'autorité pour la
confier à d'autres princes. La fixité du pouvoir n'avait pas
eu assez de temps pour faire apprécier ses avantages.
Mais dans la suite, lorsque l'expérience vint apprendre
que les malheurs des dépositions étaient encore plus
grands que ceux qui pouvaient naître du maintien des
princes sur le trône, il fallut se décider pour le moindre
mal; et la loi suprême du bien-être des peuples, en profitant

des leçons de l'expérience, consacra le principe de la fixité du trône, c'est-à-dire la stabilité, la perpétuité de l'autorité du prince, même l'hérédité du pouvoir.

Il est aisé de se convaincre qu'en déposant un prince incapable de régner, pour élever sur le trône un prince plus habile, le danger de la déposition sera presque toujours plus grand que l'avantage de l'élection.

D'abord rien ne garantit que le prince élu sera bien l'homme qui conviendra à la nation : tel brille au second rang qui s'éclipse au premier. Un simple citoyen dont les preuves de capacité dans divers emplois ont attiré les regards de la nation et formé ses titres à l'élection peut posséder de grandes qualités, sans être à la hauteur du trône, sans être digne d'y monter. D'ailleurs, les séductions du trône ont tant d'empire, qu'il sera bien difficile au prince élu d'y résister, et de se conserver tel qu'il s'est montré avant de tenir le sceptre.

En second lieu, la nation ne sera pas unanime pour l'élection : il y aura nécessairement des factions, des troubles ; et tant que l'élection ne sera point consommé régnera l'anarchie, mille fois plus affreuse que le gouvernement inhabile dont la nation cherche à se garantir.

Voilà déjà des inconvénients et des maux très réels, pour des avantages encore incertains.

Je passe cependant sur tous ces préliminaires : j'accorde que l'anarchie durera peu, qu'elle produira peu de mal, et que le choix de la nation aura été aussi heureux que possible. L'élection aura changé un règne inhabile et calamiteux contre un gouvernement ferme et prospère. Mais quel sera le retour sur cet échange, dont les bons

effets doivent seulement se faire sentir pendant la vie du
nouveau prince, pendant quelques années? La guerre
civile et des guerres étrangères, qui pourront durer des
siècles. Il est impossible que le prince déposé ou les
princes qui seraient investis de ses droits n'aient point, par
leurs alliances, leur crédit, et les nombreux intérêts qui se
rattachent aux leurs, la puissance de disputer la couronne, et ne mettent tout en œuvre pour la ressaisir.
Une lutte, une guerre à outrance va donc s'engager pour
une aussi riche proie, et c'est par des flots de sang que
la révolution sera cimentée ou renversée.

Bornons-nous à prendre des exemples en Angleterre.

Lorsque Richard II fut déposé, la nation gagna au
règne de Henri IV; le règne de Henri V, son fils, fut encore plus heureux et très glorieux. Mais lorsque la maison
détrônée vint réclamer et soutenir ses droits, il s'alluma
dans tout le royaume cette guerre affreuse des deux Roses,
qui dura près de cent ans, coûta la vie à quatre-vingts
princes du sang, extermina la haute noblesse, inonda
l'Angleterre de sang, et ne s'éteignit que par la réunion
des droits des deux maisons contendantes en la personne
de Henri VII.

Si la révolution qui plaça Guillaume III sur le trône
eut des suites moins terribles, c'est à des circonstances
toutes particulières qu'elle en fut redevable.

Jacques II, en se faisant le premier missionnaire de la
religion romaine, s'était mis en opposition avec le parlement
et la nation, où l'on comptait à peine un catholique sur cent
protestants. L'ambitieux Guillaume, qui avait jugé que cette
grande lutte dans laquelle son beau-père venait imprudem-

ment de s'engager, pouvait lui frayer le chemin du trône d'Angleterre, disposa toutes les forces de la Hollande pour l'envahir; et comme Jacques II ne pouvait guère être secouru efficacement que par la France, Guillaume donna à cette dernière puissance tant d'affaires par la ligue de toute l'Europe qu'il fomenta contre elle, qu'il put sans redouter Louis XIV suivre le cours de ses projets. Dans des conjonctures aussi favorables, et secondé par les vœux de la nation, il n'eut qu'à se présenter, et il fit la conquête du royaume sans tirer l'épée.

Pourtant l'Angleterre, en échappant d'abord, par son union, soutenue de la puissance de Guillaume, aux malheurs de la guerre civile, paie plus tard son tribut à la révolution.

L'Irlande continue de reconnaître le roi Jacques, l'appuie de tous ses efforts; et ce n'est qu'après la perte des batailles de Boyne et d'Agrim qu'elle subit la loi de la révolution.

L'Écosse, assez long-temps après, proclame le Prétendant, une partie des provinces du nord de l'Angleterre imitent cet exemple, et tout le royaume est menacé d'une nouvelle guerre civile. Le sort des armes délivre heureusement la nation de ce nouveau danger; la bataille de Dublin, gagnée par Georges I, raffermit la couronne sur sa tête. Cependant la révolution n'est pas encore sans alarme : l'Espagne, la Hollande, Charles XII et d'autres princes se liguent contre elle; et si la fortune de l'Angleterre la préserve de ce péril imminent, par la mort de Charles XII, elle ne peut empêcher le débarquement en Écosse du prince Charles. Ce prince, suivi

seulement de quelques aventuriers, parvient, soixante
années après la révolution, à former contre elle un nombreux parti. Il la fait trembler par ses deux victoires de
Prestons-Pans et de Falkirk. Mais la fortune abandonne
le prince à Culoden, et c'est là seulement que Georges II
assure le triomphe de la révolution, et détruit les dernières espérances des Stuarts.

Combien de sang il a fallu répandre pour arriver à ce résultat! Combien de chances se sont réunies pour sauver 88!
Si la religion n'avait pas tenu les Anglais presque toujours
unis; si, comme dans toutes les révolutions, comme dans
la guerre des maisons d'York et de Lancastre, la nation
s'était partagée entre les maisons de Brunswick et celle des
Stuarts, la guerre de la dernière révolution serait devenue
plus terrible et plus sanglante que la guerre des deux Roses.

Est-il donc possible d'adopter des principes de déposition et d'élection qui mettraient de pareilles révolutions,
de pareilles calamités, à l'ordre du jour ?

« Tous ces dangers, pourra-t-on objecter, n'auront
» lieu que pour le détrônement du prince, pour lui
» arracher, ainsi qu'à sa maison, l'autorité souveraine. Des
» actes aussi violents doivent nécessairement produire de
» grandes secousses dans l'état.

» Mais si le droit de régner est personnel, à la mort
» de chaque monarque la nation se trouvera ressaisie de
» la couronne pour la donner au plus digne ; alors il n'y
» aura point de maison régnante, point de princes dé-
» possédés, et l'élection pourra sans grand danger faire
» monter sur le trône de la nation l'homme qui lui con-
» viendra, qui pourra la rendre heureuse. »

Nous avons expliqué, dans le quatrième chapitre, que tous les peuples de l'Europe qui jouissaient du privilége d'élire leurs rois furent obligés de résigner une prérogative si dangereuse, pour se ranger sous l'empire de l'hérédité.

Un seul peuple persista trop long-temps à conserver l'électivité de la couronne ; et après avoir vu, pendant les guerres civiles et l'anarchie des interrègnes, ses plus belles provinces envahies par ses voisins et arrachées successivement à son empire, ce peuple disparut du rang des nations.

Il n'est point, pour un peuple, de plus grand danger que celui des interrègnes ; il compromet l'existence nationale. Il n'est point non plus de malheurs qui ne puissent accabler la nation pendant que les partis se combattent avec fureur pour faire triompher chacun le prince de leur choix.

« La nation, disait le parlement d'Angleterre à la reine » Elisabeth (lorsqu'il l'engageait par des instances réité-» rées à prendre des mesures qui pussent prévenir à sa » mort la dispute de la couronne), n'a jamais été aussi » malheureuse que dans le temps où le sort de la cou-» ronne était incertain, où les partis se la disputaient les » armes à la main. »

Quand Marius et Sylla, César et Pompée, Auguste et Antoine, se disputent le sceptre de l'univers, l'univers s'ébranle, et tous les peuples s'entr'égorgent pour qu'un roi naisse de leur sang.

Les éternelles guerres des souverains entre eux pour la dispute des couronnes à leur convenance ne doivent-elles pas nous préserver d'en provoquer de pareilles entre tous les citoyens ?

C'est pour la dispute de la Silésie que s'allume la guerre de sept ans.

C'est pour la dispute de la petite principauté de Parme, d'une population d'environ 300,000 âmes, que 100,000 hommes périssent en Europe.

C'est pour la dispute des couronnes ducales de Bourgogne et de Milan que les maisons de France et d'Autriche se font pendant deux siècles une guerre opiniâtre.

C'est pour la dispute de la couronne de France que les maisons de France et d'Angleterre ne cessent de faire exterminer leurs peuples pendant plus d'un siècle.

C'est pour la dispute de la couronne de Naples que les maisons d'Anjou et d'Aragon se livrent tant de combats pendant deux siècles.

C'est pour la dispute de quelques débris de l'héritage de Charlemagne que ses enfants et leurs peuples s'exterminent et se détruisent.

Si l'on pouvait remonter jusqu'au berceau du monde, l'on verrait sûrement les guerres les plus sanglantes, les plus désastreuses, prendre leurs germes et leur aliment dans l'avidité des hommes pour le pouvoir.

Le pouvoir est le talisman le plus puissant pour enflammer les passions de tous les hommes, pour aiguiser leurs fureurs. Jeter des couronnes aux peuples pour qu'ils aient à les distribuer à leurs favoris, ou plutôt jeter des couronnes aux plus forts, aux plus audacieux, c'est livrer les peuples à une guerre d'extermination, c'est faire du monde entier une arène où les combats ne finiront jamais.

L'on peut reconnaître par ce court aperçu, et encore en se rappelant ce que nous avons exposé au deuxième chapitre sur les inconvénients de la royauté héréditaire, que les malheurs qui naissent des dépositions et des élections des princes surpassent de beaucoup les inconvénients de la fixité des trônes, de la monarchie héréditaire; et que par conséquent l'intérêt de l'ordre social, le bien-être des peuples, exige et proclame le principe de l'hérédité.

Ainsi l'histoire nous apprend que l'autorité des princes prend sa source dans le bien-être qu'ont assuré aux peuples, soit les princes qui, par l'ascendant de leur génie, ont rassemblé les hommes en société, les ont policés, ont fondé les empires; soit les princes qui, par leur puissance personnelle, comme par leur génie, ont protégé les peuples, ou raffermi et reconstitué les empires. L'histoire nous apprend encore que la perpétuité de l'autorité, l'établissement des maisons souveraines, prennent leurs titres dans les avantages qu'en recueillent les peuples, dans le bien-être qu'ils leur assurent; et que c'est l'intérêt de l'ordre social, le bien-être même des peuples, qui exige et proclame le principe de l'hérédité.

Mais le bien-être agit nécessairement sur la volonté, et règne sur elle. L'autorité qui se fonde et se perpétue sur le bien-être des peuples, se fonde et se perpétue donc nécessairement, et règne sur les peuples sans rien tenir de leur délégation.

Pour mieux saisir cette discussion, resserrons-la dans le cadre de simples inductions logiques, et des principes que nous avons exposés.

« Prenez des hommes libres, dit M. Guizot, indépen-
» dants, étrangers à toute nécessité de subordination les uns
» envers les autres, unis seulement dans un intérêt, un
» dessein commun ; prenez les enfants dans leurs jeux,
» qui sont leurs affaires : au milieu de ces associations
» volontaires et simples, comment naît le pouvoir ? A qui
» va-t-il, comme par sa pente naturelle, et de l'aveu de
» tous ? au plus courageux et au plus habile, à celui qui
» se fait croire le plus capable de l'exercer, c'est-à-dire
» de satisfaire à l'intérêt commun, d'accomplir la pensée
» de tous. Tant qu'aucune cause extérieure et violente
» ne vient déranger le cours spontané des choses,
» c'est le brave qui commande, l'habile qui gouverne.
» Parmi les hommes livrés à eux-mêmes et aux lois de
» la nature, le pouvoir accompagne et recèle la supério-
» rité ; la supériorité en se faisant reconnaître se fait
» obéir : c'est là l'origine du pouvoir ; il n'en a point
» d'autre. »

Voilà donc le pouvoir qui prend sa source non dans le
droit divin, non dans la volonté des peuples, mais dans
l'habileté ou le génie qui satisfait aux intérêts communs,
c'est-à-dire dans le bien-être, dans la *nécessité*.

Après que le pouvoir est établi, il ne peut plus être le
prix du génie, puisque les disputes pour le pouvoir détruiraient promptement l'œuvre fondé par le génie, par le premier pouvoir, et rendraient l'ordre social impossible. Le
bien-être des peuples qui se base sur l'ordre social prescrit donc la fixité du pouvoir, et rend le principe de
l'hérédité *nécessaire*.

Reste à examiner le cas où la famille régnante étant

éteinte, la nation est obligée de confier le sceptre à l'un de ses membres.

« Alors, dit-on, il faut nécessairement revenir à la » source du pouvoir, il n'est pas possible d'échapper au » principe de la délégation. »

L'on considérerait l'élection comme une délégation, une transmission de pouvoir de la part des peuples, que la couronne ne resterait toujours point à leur disposition ; car l'intérêt, le bien-être des peuples, prescrivant la fixité de l'autorité, dans l'instant qui suit l'élection, les peuples ont les mains liées, et la couronne se trouve hors leur portée. Mais l'élection, cette délégation apparente du pouvoir, sera plutôt l'œuvre de la nécessité qu'une libre transmission de la part des peuples. Si la nation faisait sortir de ses rangs un citoyen obscur, pour le faire monter sur le trône, ce roi, créé par la nation, et qui ne serait rien sans elle, serait investi d'un pouvoir délégué, d'un pouvoir qu'il tiendrait de la volonté nationale. Mais cette hypothèse ne peut guère se réaliser. Lorsque la nation aura à s'occuper de l'élection de son prince, il se rencontrera toujours quelque personnage qui, par la supériorité de ses talents, de son génie, par l'ascendant qu'assurent de hautes vertus, de brillants exploits, l'éclat de la gloire, même par l'ascendant que donnent de grandes richesses et une puissance personnelle, se trouvera, vis-à-vis de la nation, dans une position analogue à celle de Pompée envers la république romaine, d'Othon et Conrad envers l'Allemagne, de Pepin et Hugues vis-à-vis de la France. Les positions pourront n'être pas aussi saillantes, mais ce sera toujours le même principe qui dirigera la na-

9

tion. Forcée de pourvoir à son salut, ou entraînée par le sentiment de son bien-être, il lui sera impossible de refuser la couronne à l'homme royal qui peut la sauver ou faire son bonheur. Dès que la nation aura rencontré cet homme royal, elle lui sera aussi naturellement soumise qu'elle est soumise au sentiment de son bien-être, et le prince élu tiendra son sceptre, non de la nation, qui ne pouvait empêcher la couronne de graviter vers son centre d'attraction, mais de tous les titres qui auront constitué en lui cette puissance attractive, de l'ordre de choses qui aura rendu son élection nécessaire, en un mot, de la *nécessité*.

En définitive,

Si, comme l'explique le chapitre précédent, le sentiment d'intérêt et le besoin du bien-être sont les causes déterminantes de la volonté, s'ils la régissent, la dominent et la tiennent sous leur dépendance nécessairement;

Si toutes puissances, tous principes qui satisfont aux intérêts des peuples et assurent leur bien-être, qui engrènent et s'identifient avec ces causes déterminantes de la volonté, avec ces causes dominatrices, dominent eux-mêmes les peuples, et acquièrent sur eux une autorité naturelle et légitime, une autorité nécessaire, à l'empire de laquelle ils ne peuvent pas plus se soustraire qu'à l'empire de la loi suprême de leur bien-être;

Il n'y a plus qu'à appliquer ces principes:

La puissance qui fonde les empires et crée l'ordre social satisfait aux premiers intérêts des peuples, et crée les éléments de leur bonheur. Cette puissance exerce donc sur les peuples une autorité naturelle et légitime, une autorité nécessaire.

Le principe de l'hérédité du pouvoir, qui garantit l'ordre établi par la puissance fondatrice, et la continuité du bien-être social, satisfait à son tour aux premiers intérêts des peuples, et exerce de même sur les peuples un empire naturel et légitime, un empire nécessaire.

Or les princes qui prennent mission pour l'exercice du pouvoir, soit de la puissance, soit du principe dont nous venons de parler, ne règnent ni par le droit divin, ni par aucun acte de la volonté des peuples, qui est elle-même soumise aux puissances et principes dont s'agit; mais ils exercent une autorité naturelle et légitime, une autorité à l'empire de laquelle les peuples ne peuvent pas plus se soustraire qu'à l'empire de la loi suprême de leur bien-être; en un mot, *leur autorité est nécessaire.*

Pour les cas d'élection et d'usurpation, nous nous référons à nos explications précédentes.

L'autorité des princes, bien qu'elle soit nécessaire et indépendante de la volonté des peuples, n'est point absolue. C'est parcequ'elle se fonde sur le bien-être des peuples, qu'elle possède ses titres de nécessité et d'indépendance. Or toutes les institutions qui germeront et se développeront sur le même terrain porteront les mêmes titres de nécessité; et lorsque nous établirons, dans le neuvième chapitre, que le bien-être des peuples prescrit la limitation de l'autorité monarchique (ce qui résulte déjà de notre discussion sur l'établissement d'un parlement), cette limitation sera nécessaire comme l'autorité monarchique elle-même, qui devra en subir les conséquences.

§ 3.

LE GOUVERNEMENT MONARCHIQUE EST NÉCESSAIRE.

En même temps que l'autorité s'établit, elle fonde le gouvernement; dire que l'autorité du monarque est nécessaire, c'est proclamer la nécessité du gouvernement monarchique.

Toutefois il est une explication à faire sur cette nécessité; je me ferai mieux comprendre après une comparaison.

Nos premiers pères, dit-on, se nourrirent de glands. Mais, après qu'ils eurent découvert les moyens de se procurer du pain de froment, ils préférèrent cette nourriture, et renoncèrent au fruit du chêne.

Ainsi le pain devint une nourriture nécessaire, non quant à l'existence des peuples, mais quant à leur bien-être, à la détermination de leur volonté.

Il en est de même du gouvernement monarchique. Par ses titres de préférence sur les autres gouvernements, il est nécessaire, non quant à l'existence de l'ordre social, qui peut être constitué sous différents modes de gouvernements, mais relativement au bien-être qu'il assure aux peuples, et à la détermination de leur volonté quand il a produit ses titres.

L'histoire nous montre, et nous en avons déjà fait la remarque, tous les peuples placés d'abord sous le gouvernement des rois. Chaque gouvernement a ses inconvénients, qu'il faut supporter; cependant plusieurs peuples croient pouvoir s'affranchir de ces inconvénients, en renversant le gouvernement monarchique, et en lui substituant des gouvernements populaires. Ils s'aperçoivent plus tard que le changement ne leur a point été avantageux, et ils reviennent définitivement au gouvernement monarchique.

C'est alors que ce gouvernement, qui portait avec lui ses titres de préférence, de nécessité, les ayant produits au grand jour, ayant fait voir aux peuples qu'ils étaient les gages de leur bonheur, les soumet nécessairement à son empire, et se constitue en gouvernement nécessaire.

Si la France était aujourd'hui sans gouvernement, et s'assemblait pour en établir un, il lui serait impossible d'instituer les gouvernements républicains de notre révolution, bien que, dans l'hypothèse dont nous parlons, elle en eût la puissance, et de renoncer au gouvernement monarchique. Pour que la nation fît usage de cette puissance, il faudrait qu'elle en eût la volonté. Mais la volonté ne se détermine point par sa propre impulsion ; il faut qu'elle reçoive cette impulsion du sentiment du bien-être. La misère et les calamités de nos gouvernements républicains, ne présentant qu'un bonheur négatif, détermineraient négativement la volonté nationale. Par conséquent il serait impossible que la nation rétablît ces gouvernements. Tandis que le gouvernement monarchique, qui se présenterait avec des titres contraires, rattacherait la volonté de tous les peuples à son règne, sans qu'ils pussent y renoncer.

Cette nécessité du gouvernement monarchique se trouve au surplus établie par nos 3e et 4e chapitres.

Notre 3e chapitre explique que le gouvernement monarchique est celui qui présente le plus d'avantages et le

moins d'inconvénients, c'est-à-dire celui qui garantit
mieux l'ordre social et satisfait mieux aux intérêts des
peuples : dès lors la théorie signale le gouvernement
monarchique comme nécessaire.

Notre 4e chapitre fait voir que le pouvoir monarchique
a exercé et exerce partout l'empire, sauf des exceptions
passagères ou de localité :

La théorie et l'expérience se réunissent donc pour proclamer la nécessité du gouvernement monarchique.

CHAPITRE VIII.

C'EST PAR LE PRINCIPE DE L'AUTORITÉ MONARCHIQUE ET L'INSTITUTION D'UN PARLEMENT QUE SE RÉSOUT LE PROBLÈME QUE PRÉSENTE LA DOCTRINE DE LA SOUVERAINETÉ DU PEUPLE.

Nous allons reproduire les principes de la doctrine ; puis nous ferons sur ces principes les observations que nos discussions précédentes nous mettent à portée de faire. Ensuite nous ferons voir que c'est par les principes développés aux sixième et septième chapitres que l'on parvient à résoudre le problème que présente la doctrine de la souveraineté du peuple.

« Tous les hommes naissent libres et égaux.

» Aucun d'eux n'a reçu de la nature le droit de com-
» mander aux autres.

» La force, d'ailleurs, ne produit aucun droit.

» L'autorité est donc obligée de prendre ses titres de
» légitimité dans la délégation des peuples.

» Elle ne peut avoir d'autre base que leur consente-
» ment.

» Et la loi qui domine sur tous doit être l'expression
» de la volonté de tous, l'expression de la volonté géné-
» rale. »

Tous les hommes naissent libres et égaux.

Oui, mais ils ne peuvent se rendre indépendants des lois de la nature. Ils sont soumis à l'empire de leurs besoins, à la loi de leur bien-être.

*Aucun d'eux n'a reçu de la nature le droit de com-
mander aux autres.*

Oui, mais certains hommes ont reçu de la nature des
capacités supérieures qui leur donnent la puissance de
protéger les autres hommes, d'améliorer leur sort, de
fonder la société, de constituer ou raffermir les empires,
de satisfaire aux intérêts des peuples et de créer leur
bien-être.

Les peuples qui sont sous la dépendance de leur bien-
être sont donc aussi sous la dépendance de la puissance
qui le crée.

Ainsi l'autorité n'est point une puissance de droit; elle
ne découle pas non plus d'une simple puissance de fait,
car toute puissance qui ne se produit point dans l'intérêt
des peuples n'a aucun titre à l'autorité; mais elle naît de
la puissance ou du principe qui satisfait aux intérêts des
peuples, qui crée et assure leur bien-être.

Dans l'origine des sociétés, la puissance des hommes supérieurs qui rassemble les autres hommes, fonde l'empire,
établit l'ordre et fait jouir les peuples du bien-être social,
crée, sanctionne son autorité par son propre ouvrage. L'autorité est le prix des bienfaits assurés par cette puissance.

Après la société ou l'empire fondé, le principe de l'hérédité du pouvoir, qui garantit la perpétuité de l'ordre et
du bien-être social créés par les premiers princes, recèle
à son tour l'autorité, qui ne peut plus être exercée que par
les princes auxquels il la communique; et cette autorité
communiquée n'est toujours point une autorité de droit,
mais une autorité qui tire son origine de l'intérêt des
peuples, de la loi de leur bien-être.

La force ne produit aucun droit.

Sans doute, pas plus que le torrent qui m'entraîne.

L'autorité est donc obligée de prendre ses titres de légitimité dans la délégation des peuples.

Non, la délégation ne forme point le titre de la légitimité.

L'autorité que j'aurais déléguée, et qui serait retournée contre moi, ne serait sûrement pas légitime, ou plutôt cesserait d'être autorité, et ne serait plus qu'une puissance oppressive, ressortant de la force, et par conséquent n'ayant aucun titre à l'empire.

L'autorité déléguée cesserait encore d'être autorité si elle était inactive, si elle ne remplissait point la mission qui lui a été donnée de protéger, de veiller à la sûreté commune, de satisfaire aux intérêts des peuples, d'assurer leur bien-être.

D'une autre part, l'autorité qui satisfait aux intérêts des peuples et garantit le bien-être social exerce sur les peuples un empire naturel et légitime, bien qu'elle ne participe d'aucune délégation, un empire qui tient les peuples sous sa dépendance aussi nécessairement que le besoin de leur bien-être les tient sous sa loi.

Or, si l'autorité déléguée n'est rien à moins qu'elle satisfasse aux intérêts des peuples, et si dès que l'autorité satisfait à ces intérêts elle exerce un empire naturel et légitime, un empire nécessaire, affranchi de toute délégation, il est clair que la délégation ne forme point le titre de l'autorité légitime.

« *L'autorité ne peut avoir d'autre base que le con-*
» *sentement des peuples.*

» *La loi qui domine sur tous doit être l'expression*

» *de la volonté de tous , l'expression de la volonté gé-*
» *nérale.* »

C'est là que se trouve le problème à résoudre , ou plutôt que se trouvait le problème que nous avons résolu par
nos discussions précédentes.

Mais nous allons envisager la question sous un nouvel
aspect. Nous allons montrer :

D'abord, que la doctrine de la souveraineté du
peuple ne peut remplir son propre thème, et parvenir
dans les assemblées nationales à s'assurer de la volonté
générale et du consentement des peuples pour l'établissement des lois et des institutions;

Et en second lieu, que c'est par les principes développés dans nos précédents chapitres que l'on atteint le
but que se propose la doctrine de la souveraineté du
peuple, et que l'on parvient à résoudre le problème
qu'elle présente.

Nos chapitres précédents expliquent :

Que les dernières classes de la société n'ont point de
libre arbitre, point de volonté politique , parcequ'elles
sont sous la dépendance des premières classes, qui les font
vivre;

Que, dans les assemblées populaires, l'éloquence démagogique exerce toujours le plus grand empire sur la
multitude, et fait à son gré remplir l'urne nationale;

Enfin, que, dans toute assemblée nationale, la majorité,
ignorante et inhabile, est au-dessous de la portée des lois.

Nous reconnaîtrons d'ailleurs, au chapitre de l'opinion, que , même dans les premières classes de la société,
l'avis du plus grand nombre n'est pas le meilleur.

Dans cette position des choses,

Il est impossible que la volonté générale puisse sortir du sein de l'assemblée nationale, puisque les dernières classes de la société, placées sous l'influence des premières, n'ont qu'une volonté de commande.

Si l'on échappe à l'influence des premières classes de la société, il sera toujours impossible de connaître la volonté générale, puisque l'urne nationale ne contiendra guère que l'expression des volontés des orateurs, des volontés de l'éloquence.

Enfin, si l'on échappe à la puissance de l'éloquence, il sera encore impossible de connaître la volonté générale, la volonté nationale, puisque la majorité ne peut avoir de volonté sur des matières comme les lois, bien au-dessus de sa capacité.

Tous les citoyens veulent le bien-être national; mais la majorité n'ayant point assez de discernement pour découvrir les voies qui y conduisent, il n'y aura que le hasard qui pourra la mettre en bon chemin; et, sauf ces coups du hasard, elle exposera la nation aux plus grands dangers, même à sa ruine. Le vote de la majorité dans ces cas ne sera pas plus l'expression de sa volonté, que l'ordonnance d'un médecin inhabile qui conduit le malade au tombeau n'est l'expression de la volonté du médecin. L'erreur ne peut représenter la volonté.

Il est évident, par toutes ces considérations, que l'expression de la volonté générale ne jaillira jamais du sein de l'assemblée nationale; et que les lois qui passeraient dans cette assemblée, qui auraient été votées par elle, ne seraient point revêtues de son consentement, du consentement de la majorité, parcequ'un consentement donné par crainte, par surprise ou par ignorance, n'est point un consentement.

L'expérience confirme ces vérités.

Les règnes de la démocratie sont toujours calamiteux.

Pourtant le règne de la démocratie est celui de la volonté générale, telle qu'elle se produit dans les assemblées populaires. Le règne de cette volonté générale, qui précipite la nation dans le malheur, dans sa ruine, n'est donc point le règne de la véritable volonté générale, de la volonté nationale, qui se porte toujours vers le bien-être de la nation.

Par conséquent l'expérience, comme la théorie, prouve que la volonté générale, la volonté nationale, ne peut sortir du sein des assemblées nationales, et que la doctrine de la souveraineté du peuple est dans l'impuissance de remplir son propre thème, de parvenir dans les assemblées nationales à s'assurer de la volonté générale et du consentement des peuples pour l'établissement de ses lois et de ses institutions.

Comment alors connaître la volonté de la nation, être assuré de son consentement? Est-il un meilleur moyen pour savoir ce que veulent les gens que de les faire parler?

Oui, il en est un.

Là où il y a bien-être, il y a volonté, consentement.

Là où il y a bien-être négatif, il y a volonté négative.

Le règne de la volonté générale, telle qu'elle se produit dans les assemblées populaires, ne présentant que dangers et calamités, ne présentant qu'un bien-être négatif, donne pour résultat une volonté négative, c'est-à-dire que le règne de cette volonté générale n'est point le règne de la véritable volonté générale, de la volonté nationale : nous venons de le démontrer.

Maintenant orientons-nous, et agissons d'après l'autre maxime.

Si là où il y a bien-être, il y a volonté, consentement, il suffira que nous découvrions quel gouvernement et quelles lois peuvent mieux créer et garantir le bonheur national, pour que nous ayons en même temps la prévision de la volonté et du consentement des peuples, pour que nous soyons assurés d'avance que l'institution de ce gouvernement reposera sur le consentement des peuples, et que les lois dont s'agit seront l'expression de leur véritable volonté.

Mais comment découvrir le gouvernement et les lois qui peuvent mieux créer et assurer le bonheur national?

Notre deuxième chapitre explique que les passions, les besoins natifs des hommes, sont toujours les mêmes dans tous les temps; que les règles, les principes qui ont pu jadis rendre les hommes heureux, sont encore à suivre, et les écueils des temps passés encore à éviter; enfin, que le fond de la science politique reste le même, sauf les modifications, les perfectionnements et les nouvelles combinaisons politiques que les progrès des lumières, et les nouveaux besoins des peuples, créés par une plus grande civilisation, peuvent prescrire.

D'après ces principes, il faut, pour les institutions que nous cherchons à établir, prendre mission de l'autorité du temps, prendre conseil de la sagesse et des lumières.

Les annales du monde nous enseignent que le pouvoir

monarchique est l'autorité la plus puissante pour créer
et assurer le bien-être social; et que les peuples qui ont
voulu se soustraire au gouvernement monarchique, pour
instituer d'autres gouvernements, ont été obligés, après des
essais malheureux, de revenir à l'autorité monarchique (1).

L'autorité monarchique est donc le type du bien-être
social, et par conséquent du consentement national; et
l'exercice de cette autorité sera plus naturelle, plus légitime, que toute autre autorité qui aurait été déléguée
par la nation, puisque cette autorité déléguée aurait moins
fait le bonheur national.

Voilà la base principale de l'édifice posée.

Pour la perpétuité du pouvoir, et les autres lois fondamentales, c'est encore l'autorité du temps qui doit les
consacrer.

Mais quant aux modifications et aux perfectionnements
des anciennes lois; quant aux nouvelles combinaisons
politiques et aux nouvelles lois que les progrès des temps
peuvent exiger; quant, enfin, au régime journalier du gouvernement; c'est aux conseils des lumières, aux conseils
de la raison qu'il faut recourir.

Dire qu'il faut prendre conseil des lumières de la raison,

C'est dire qu'il ne faut point prendre conseil de la
nation;

C'est dire qu'il faut seulement consulter les deux chambres d'un parlement.

Ainsi l'autorité du prince, appuyée sur des lois fonda-

_____

(1) Sauf toujours quelques exceptions de localités, qui ne peuvent servir
d'exemples contre le principe.

mentales consacrées par le temps, et éclairée par les deux chambres d'un parlement, constituera, selon les principes que nous venons d'exposer, le meilleur gouvernement possible pour créer et garantir le bonheur national.

Dès lors l'institution de ce gouvernement sera basée sur le consentement de toute la nation; sur ce consentement nécessaire, identique avec les intérêts nationaux, et qui ne peut jamais s'en séparer.

Et les lois qui seront établies par le prince de concert avec le parlement, c'est-à-dire les lois qui, pour perfectionner le régime ordinaire du gouvernement, assurer et agrandir le bonheur national, seront instituées sous les auspices de la sagesse, de la raison, seront réellement l'expression de la volonté générale, de la volonté nationale: non de cette volonté passagère qu'expriment des suffrages populaires dictés par l'inexpérience, la passion, l'ignorance, et qui recèlent toujours les malheurs de la nation, même le désaveu du vote émis; mais de cette volonté primitive, constante, nécessaire, liée à l'intérêt, au bien-être, et dont la véritable expression ne se rencontre jamais que dans les moyens qui peuvent satisfaire aux intérêts des peuples, aux vœux de leur bien-être.

Tous ces résultats sont la conséquence de ce principe, que le bien-être est la raison déterminante de la volonté, et que la volonté est au bien-être ce que l'effet est à la cause.

Qu'importe que tout un peuple proscrive tel principe et proclame tel autre principe?

Si le principe proscrit peut satisfaire aux intérêts des peuples et garantir leur bien-être, il règnera et enchaînera leur volonté.

Si le principe proclamé porte un germe de calamités pour les peuples, il ne pourra prendre racine dans leur volonté, ni exercer l'empire.

La question en politique n'est donc jamais de savoir ce que veulent ou ne veulent point les peuples, mais bien par quelle voie l'on peut parvenir à satisfaire à leurs intérêts, à assurer leur bonheur; quel est le gouvernement, ou plutôt l'instrument qui peut produire les lois et les institutions nécessaires à cette fin, et qui peut garantir les intérêts nationaux.

La doctrine de la souveraineté du peuple, en prenant cet instrument dans la volonté de la majorité nationale, atteindrait le but, si tous les hommes étaient également partagés par la fortune, et hors la dépendance les uns des autres, s'ils étaient tous également sages, également instruits et capables; car alors l'intelligence et la force se confondant dans la majorité, cette majorité posséderait tout à la fois, et le talisman des meilleures lois, des meilleures institutions, et la puissance qui pourrait les garantir. Mais il n'en est point ainsi, et, pour ne parler que de la capacité, il est constant que depuis Adam les ignorants et les inhabiles sont en majorité.

Cette majorité n'est alors qu'un instrument de force, incapable de produire les lois et les institutions qui peuvent satisfaire aux vœux des peuples, obtenir leur assentiment et enchaîner leur volonté, incapable non plus de rien garantir; car le rôle de la force est d'être guidée, gouvernée par l'intelligence, et non d'exercer l'empire sur elle.

Dans la doctrine monarchique, la politique, pour parvenir à ses fins prend mieux ses mesures. Ce n'est point la volonté des peuples qu'elle consulte, mais la sagesse des temps. Après avoir consacré le pouvoir monarchique, que le temps lui montre comme né des besoins des peuples, et aussi nécessaire que ces besoins ; après avoir consacré l'hérédité du pouvoir, que l'expérience lui signale comme pareillement nécessaire aux intérêts des peuples; enfin, après avoir reconnu plutôt qu'établi ces premières bases, elle ne cherche plus qu'à perfectionner l'œuvre de la nature et du temps; elle entoure le prince de grands conseils, d'un parlement, qu'elle remplit des hommes les plus instruits, les plus habiles, et façonne de la sorte, non un instrument de force, comme la doctrine de la souveraineté du peuple, mais un instrument tout intellectuel, qui ne doit point cependant être employé à construire à neuf tout l'édifice social, puisque déjà les principales bases sont posées par la nature et l'expérience, mais à suivre la marche de la civilisation, et à conserver la machine politique en harmonie avec elle. Comment un tel gouvernement, greffé sur les besoins des peuples, et éclairé du flambeau de l'intelligence, de la raison, pourrait-il ne point satisfaire aux vœux des peuples et s'attacher leur volonté?

Il présente pour garantie de son existence la nécessité dont il est en partie l'ouvrage; il offre aux peuples, pour la garantie de sa marche dans le sens de leurs intérêts, la puissance de la vérité et de la raison. Du moment où tout est ordonné pour que la vérité et la raison se produisent au grand jour, leur triomphe et celui de leurs institutions sont assurés. Non que par des causes accidentelles ces institutions puissent être écartées, renversées ; mais ce ne pourra jamais être que passagèrement. Il faudra bientôt que la droite raison reprenne son invincible empire.

C'est donc par le principe de l'autorité monarchique et l'institution d'un parlement que l'on rentre, comme nous l'avons annoncé, dans le cercle de la doctrine de la souveraineté du peuple, et que se résout le problème qu'elle présente ;

Que l'on voit d'abord le consentement des peuples, ce consentement nécessaire, inhérent au sentiment du bien-être, s'attacher et servir de base à un gouvernement que le temps, supérieur à toute intelligence humaine, signale comme le type même du bien-être social, comme le meilleur garant du bonheur des peuples ;

Que l'on voit la volonté des peuples, identique avec leurs intérêts, et par conséquent avec tous moyens qui peuvent satisfaire ces intérêts, sortir avec la loi du meilleur instrument législatif, s'attacher et servir de base à une législation qui, née de la raison et garantie par elle, possède tous les titres pour satisfaire les intérêts des peuples.

C'est par les mêmes principes que se concilient les prétentions diverses des peuples et des rois.

Les peuples prétendent qu'ils sont maîtres de leur sort, qu'ils peuvent à leur gré établir les gouvernements et les lois qui doivent les régir, et qu'ils n'ont sur cette terre d'autre souverain que leur volonté.

De leur côté les rois, en proclamant la nécessité de leur pouvoir, son indépendance de la volonté des peuples, semblent prétendre au pouvoir absolu.

Mais si l'autorité monarchique est nécessaire, et par conséquent indépendante de la volonté des peuples, selon que nous l'avons établi au 7ᵉ chapitre ;

Si d'ailleurs les prétentions des peuples, quant au gouvernement, doivent se borner à l'institution d'un parlement, suivant que l'explique notre sixième chapitre ;

Que les princes aillent se placer au milieu de leurs parlements, alors les prétentions des peuples et des rois, en se limitant respectivement, se confondront pour ne plus former qu'un seul pouvoir, qui gouvernera toutes les nations.

Telles les deux puissances dont parle Newton, qui, partant de points divers, se réunissent, se confondent, pour ne plus former qu'une seule puissance et régir l'univers.

La discussion des quatre précédents chapitres nous fait voir :

Que toutes puissances, tous principes producteurs et conservateurs du bien-être des peuples, sont essentiellement des puissances et des principes dominateurs ;

• Que tous les peuples sont placés par la nature sous l'empire de ces instruments de leur bien-être, aussi nécessairement que sous l'empire du bien-être lui-même ;

Et que l'autorité monarchique est elle-même le premier de ces principes ; qu'elle est, comme tout principe, indépendante de toute volonté ; et que les peuples sont nécessairement soumis à son empire.

Nous avions entrepris cette discussion pour nous assurer si l'autorité du prince participait ou non de la délé-

gation des peuples; et si l'acte constitutif de la nation
pouvait émaner du prince seul sans le concours des peuples. Cette question, par les développements qui pré-
cèdent, se trouve résolue affirmativement. Nous allons
d'ailleurs expliquer, dans le chapitre suivant, que l'intérêt
des peuples exige que la constitution soit établie par le
prince seul. Cette nouvelle discusion aurait pu me dis-
penser d'entamer celle des quatre précédents chapitres;
Mais comme dans mes réflexions sur le meilleur gouvernement il était à propos de bien fixer mes idées sur la base
de l'autorité, j'ai cru devoir m'arrêter sur cette thèse.

CHAPITRE IX.

L'AUTORITÉ MONARCHIQUE DOIT ÊTRE LIMITÉE ; MODE DE CETTE LIMITATION.

NOTA. Notre sixième chapitre explique que toutes les prétentions des peuples, quant à la législation, doivent se borner à l'institution d'un parlement. Par là, l'autorité monarchique se trouve déjà limitée.

Maintenant c'est en considérant le pouvoir royal en lui-même que nous allons, sous ce chapitre, reconnaître de nouveau la nécessité de cette limitation, qui se trouvera de cette manière établie à double titre.

Le bien-être commun, l'intérêt général de la société, est la loi immuable sur laquelle repose l'autorité des princes, comme nous l'avons expliqué. Cette loi, antérieure à tout contrat, fondée sur la nature même, après avoir élevé les trônes des rois, les soumet à son empire ; elle est la règle et le mobile de toutes leurs actions.

Cependant le prince, avec les meilleures intentions, peut, s'il est mal informé, se laisser surprendre : il peut se laisser influencer par les passions de ceux qui l'entourent ; se laisser entraîner dans des voies contraires au bien-être de son peuple.

« Nous ordonnons à nos juges, dit l'empereur Justinien, de n'avoir aucun égard aux rescrits qu'on aura obtenus de nous, contraires à la justice. »

Louis XII, par un édit, prescrit aussi qu'on suive toujours la loi, malgré les ordres contraires à la loi que l'importunité pourrait arracher du monarque.

D'ailleurs l'histoire nous apprend que les bons princes sont rares, et que souvent le trône est occupé par des princes inhabiles ou ambitieux, livrés à leurs caprices, leur ambition, à toutes leurs passions.

Il est donc nécessaire d'établir un rempart, soit contre les fausses mesures qui pourraient être suggérées au prince, soit contre ses propres passions; rempart qui servira de sauvegarde au bien public.

La justice, disait Henri IV à l'ouverture de l'assemblée des notables de 1596, doit présider sur le trône des rois.

Or comment faire régner la justice ? Sera-ce par les passions des princes, l'arbitraire, de capricieuses volontés, ou par de sages mesures qui limitent d'avance l'autorité du prince, l'empêchent de cesser jamais d'être juste, de jamais faire le mal ?

Les princes, sûrement, n'auront point à se plaindre de cette impuissance, de ces bornes mises à leur pouvoir, quand ils voient la puissance même de la Divinité soumise aux mêmes limites. Si Dieu est tout-puissant, il est aussi souverainement juste, et sa justice borne sa puissance pour faire le mal.

Si les rois étaient éclairés et infaillibles comme la Divinité, leur pouvoir serait toujours limité par lui-même, par leur propre volonté. Mais comme ils sont faillibles, qu'ils peuvent se laisser surprendre, tomber dans l'erreur et l'injustice, etc., ce n'est que par des mesures hors de leur volonté, des mesures qui l'enchaînent, qu'ils pourront trouver une limitation effective et salutaire à leur autorité.

Toute puissance, selon saint Paul, doit être juste et réglée.

Un homme animé d'un esprit divin, dit Platon, borna la puissance des rois par celle d'un sénat.

Moïse lui-même, ce grand homme si capable de gouverner seul, institua cependant le grand sanhédrin ou sénat pour prendre part au gouvernement.

L'histoire nous signale partout les dangers du défaut de limite dans le pouvoir, quel qu'il soit. Jetons un coup d'œil sur les grandes leçons que nous donne particulièrement l'histoire de la Pologne; nous y observerons un double écueil à éviter, celui de trop limiter l'autorité.

Le gouvernement fut d'abord absolu entre les mains de Leck. La nation secoua le joug, et, pour affaiblir le pouvoir qui l'accablait, elle le partagea entre les vaivodes ou généraux d'armée.

Les vaivodes, assis sur les débris du trône, ébranlèrent l'état jusque dans ses fondements. Ce ne fut entre eux que factions, oppression et violence.

La nation fatiguée revint au gouvernement d'un seul, en la personne de Cracus. Le sceptre fut héréditaire dans sa famille; et sous sa dynastie la nation fut moins agitée, moins malheureuse qu'auparavant.

L'extinction de la postérité de Cracus remit le sceptre à la nation, qui, ne sachant à qui le confier, recourut aux vaivodes; mais leurs excès ramenèrent, comme la première fois, au gouvernement absolu d'un seul, en la personne de Leko Ier, que le peuple éleva au trône.

Le rétablissement de la monarchie absolue éprouva de nouvelles secousses; la nation sévit contre son prince, et déposa Boleslas II.

Une nation qui est parvenue à déposer son roi est

maîtresse d'élever à son gré l'édifice de sa constitution.

Elle commença par abolir l'hérédité pour la couronne; ensuite elle limita le pouvoir royal dans les mains de Louis de Hongrie, de Jagellon de Lithuanie, et de Sigismond Auguste, et retint pour elle la plus grande partie de la puissance.

Par ces capitulations imposées au trône, et la part du pouvoir que retint la nation, le gouvernement devint une république composée de trois ordres, le roi, le sénat, et l'ordre équestre.

Dans ce gouvernement,

C'était l'aristocratie qui décidait de la paix ou de la guerre, faisait les lois, établissait les impôts, disposait du trésor, etc. La principale fonction du roi était de commander les armées; encore ne pouvait-il les faire marcher sans l'aveu de tous les ordres de l'état. Les grandes affaires du royaume se décidaient dans une diète, composée du roi, du sénat et des représentants de l'ordre équestre. Le véto d'un seul membre de la diète enchaînait toute l'assemblée, empêchait, comme l'opposition d'un tribun à Rome, que l'on passât outre, qu'il fût donné suite aux propositions frappées de ce véto.

Ce n'était point assez pour la nation de s'être mise en possession d'élire ses rois, elle avait pour maxime que la puissance qui faisait le prince pouvait aussi le renverser, et en vertu de ce droit qu'elle s'arrogeait, elle déposa, indépendamment de Boleslas II, Miédislaw III, Uladislas Laskonogui, Uladislas Laketok, et Frédéric Auguste Ier.

Casimir IV échappa à la déposition en fléchissant

sous les remontrances de ses sujets, Michel Wiccnaviccki par la mort, et Henri de Valois par la fuite.

L'on voit que la Pologne ne put jamais parvenir à instituer un gouvernement tempéré. Du gouvernement absolu d'un seul elle passe au règne encore plus absolu et plus insupportable de ses généraux; puis tombe dans un régime républicain, moins mesuré que les gouvernements précédents, et par là plus défectueux.

Sous un gouvernement aussi mal constitué, ce ne fut que troubles, violences, guerres civiles, anarchie. Toujours la nation fut pauvre et malheureuse; elle ne connut ni les sciences ni les arts, n'avait point d'industrie, faisait peu de commerce; elle ne possédait aucune ville, aucun monument; elle était à demi barbare.

La Pologne avait d'abord été d'une très grande étendue; mais les interrègnes et les guerres intestines, en l'affaiblissant, donnèrent à ses voisins les occasions et les moyens de la démembrer, et elle perdit successivement plusieurs grandes provinces, jusqu'au moment où, par le partage qu'en firent les potentats du Nord, elle fut rayée du tableau des nations, comme l'explique notre 6e chapitre.

Il n'est pas douteux que la Pologne dut principalement ses malheurs et son anéantissement aux vices de son gouvernement, au défaut de limite, soit du pouvoir monarchique dans son origine, soit du pouvoir aristocratique quand l'aristocratie tint le sceptre, et aux limites trop resserrées du pouvoir royal dans les derniers temps, lorsque la monarchie fut convertie en république.

Tout ce que nous venons de rapporter fait ce semble
assez connaître la nécessité de limiter le pouvoir royal;
mais comment cette limitation doit-elle avoir lieu? Le pouvoir du prince, indépendamment de la résistance qu'il
rencontre dans la puissance du parlement, devra-t-il être
circonvenu, ainsi que le parlement lui-même, par des lois
fondamentales?

La réponse est facile : ces lois existent; elles sont nécessaires, elles ne peuvent être abrogées.

Tous les hommes naissent libres; mais, dans l'état de
nature, le plus faible est exposé à devenir la victime et à
tomber dans l'esclavage du plus fort, qui peut être lui-
même asservi par d'autres hommes qui auraient réuni
leurs forces.

C'est principalement pour échapper à ce danger, que
tous les hommes sentent le besoin de l'ordre social, la
nécessité d'une autorité tutélaire qui garantisse leur sûreté
personnelle. La liberté individuelle est la première des
causes créatrices de l'ordre social; elle s'identifie avec la
société et l'autorité, ou plutôt la liberté individuelle, la
société et l'autorité sont l'œuvre d'un même besoin, de la
même nécessité.

Après la sûreté de sa personne, le premier besoin qui
se fasse sentir est celui de garantie quant à sa propriété;
ce nouveau besoin est une nouvelle cause créatrice de
l'ordre social, et la nécessité du droit de propriété s'identifie toujours avec la nécessité de la société et de l'autorité.

Tous les hommes, pour soutenir leur existence, sont
voués au travail par la nature; mais ils n'ont pas tous la
même capacité, les mêmes aptitudes : les uns ont des

dispositions pour telles choses, les autres pour des choses toutes différentes ; chargés de pourvoir à leur besoin par leur industrie, la liberté industrielle leur est nécessaire.

Toutes ces lois, ainsi que toutes les autres lois fondamentales, naissent des besoins mêmes des peuples, découlent de la loi de leur bien-être, y prennent leur autorité ; elles sont antérieures à tout pacte ; lors même qu'elles ne seraient pas écrites, elles ne pourraient être violées. Elles renferment toutes la nécessité de la société et de l'autorité, comme le besoin du fruit renferme le besoin de l'arbre. L'autorité est la puissance destinée à les protéger et à les garantir.

Mais si ces lois sont antérieures à tout pacte, c'est seulement comme principes ; elles ont besoin ensuite d'être organisées, mises en harmonie avec l'autorité suprême, pour établir simultanément l'édifice social.

Elles ont besoin d'être reconnues, sanctionnées par l'autorité, parceque la puissance de l'autorité a des bornes, et que l'autorité doit seulement sanctionner ce que sa puissance lui permet de garantir.

Elles ont besoin d'être développées, fixées avec précision, pour prévenir autant que possible les débats et les guerres que de fausses interprétations pourraient faire naître.

Elles ont besion enfin d'être consignées dans un acte constitutif, un acte national, pour enseigner clairement aux peuples leurs droits et leurs devoirs, leur montrer d'un côté les garanties qui leur sont données, et de l'autre les obligations que ces garanties leur imposent, surtout pour assurer la tranquillité et le repos de cette classe nom-

breuse de citoyens qui, ne participant point aux affaires du
pays, est plus particulièrement intéressée à ce que les
garanties nationales soient mises hors d'atteinte de la part
des autres citoyens et de l'autorité elle-même.

Ainsi la nécessité d'une constitution ne peut être douteuse; elle se produit en quelque sorte d'elle-même, et il
ne s'agit plus que d'examiner de quelle manière elle
sera établie. Sera-ce par un contrat entre le prince et
la nation, ou par une simple charte que concédera le
prince?

Si le peuple était appelé à discuter la constitution, à
tracer le cercle de ses libertés, il le ferait trop large, et,
pour le mieux garantir, il s'emparerait de la meilleure
part du pouvoir.

Cependant le peuple, loin de dominer, doit être contenu; son influence dans la politique doit être très resserrée; car, livrée à son impétuosité naturelle, elle bouleverserait et détruirait l'édifice social. Mais comment persuader au peuple qu'il sera plus heureux avec moins
de liberté, que les plus nombreux et les plus forts doivent
avoir moins de pouvoir? Les frais d'éloquence qui seraient faits pour soutenir cette thèse n'auraient sûrement
aucun résultat : le peuple resterait investi de la principale
puissance; et l'autorité du prince, au lieu d'être simplement limitée par la constitution, serait renversée par
elle.

L'établissement de la constitution par un pacte entre
le prince et la nation conduirait encore à d'autres conséquences non moins funestes.

D'après le droit civil, comme d'après le droit naturel,

lorsque deux personnes prennent un engagement par un contrat, si l'une d'elles manque à son engagement, l'autre est déchargée du sien, le contrat devient nul.

Si donc il existe un pacte entre le prince et les peuples, chaque citoyen qui s'imaginera que le prince ne gouverne pas comme il le doit, ne remplit pas ses engagements, se croira déchargé du devoir de l'obéissance envers lui. Sur des questions de cette importance il y aura nécessairement partage d'opinion : les uns jugeront le pacte constitutionnel rompu, et s'affranchiront de toute subordination, rentreront envers le prince dans le droit de nature ; d'autres penseront différemment, et se rangeront du côté du souverain pour soutenir ses prérogatives contre les rebelles ; des esprits factieux attiseront le feu de la discorde et de la guerre, parceque la discorde et la guerre peuvent conduire les plus audacieux à la fortune ou à la célébrité ; et tous les citoyens, juges et parties, prendront les armes, soit pour défendre le gouvernement, soit pour le réformer ; tous les citoyens seront aux prises, s'entr'égorgeront, et ce bouleversement de la société, ces guerres, l'anarchie, pourront se reproduire à chaque acte important de l'autorité, parcequ'ils auront leur source dans des principes toujours subsistants.

C'est avec ces principes de pacte originel et d'infraction de pacte que les Hambden, les Saint-Just, les Cromwel, arment les têtes rondes et le parlement contre Charles Ier, décrètent, en la personne de ce prince, la guerre à la société entière ; et, après avoir divisé la nation en deux camps, font répandre tant de sang dans les batailles de Stratton, de Sandsdown, de Newleury, de Marston, de

Naseby, etc., et couronnent tous ces forfaits par la capti-
vité et la mort du roi.

Enfin le prince, en réglant son autorité avec ses sujets,
reconnaîtrait la souveraineté du peuple, renoncerait à
l'indépendance de son autorité, briserait l'égide sacrée que
le besoin de notre bien-être a placée dans ses mains, et le
grand principe de l'indépendance de l'autorité, cette loi
suprême, serait sacrifié, non à des lois secondaires,
mais à la forme de l'acte dans lequel ces lois doivent être
consignées.

Cette politique serait-elle bien sage?

Si la constitution, au contraire, est concédée libre-
ment par le prince, sa sagesse et sa justice, bien prouvées
d'ailleurs par la concession même, sauront mieux distribuer
et organiser les pouvoirs constitutifs de la société, régler
leur action sur la nation, fixer les droits politiques des
citoyens, et élever l'édifice social sur des bases durables:
la constitution sera mieux appropriée aux intérêts, aux besoins des peuples, sera plus conforme à leurs vœux réels.

« Mais cette concession, allègue-t-on, rend l'existence
» de la constitution très précaire: celui qui donne peut
» retirer; le sort de la constitution dépendra donc sans cesse
» de la volonté du prince, et des circonstances qui pour-
» ront influer sur cette volonté? »

Admettons un instant que la constitution ou la charte
concédée était sollicitée par les besoins réels des peuples,
qu'elle est l'expression de ces besoins, qu'elle satisfait aux
intérêts de la nation, et assure son bonheur.

Dans cette hypothèse, le prince ne pourra jamais avoir
aucun titre pour la retirer.

Si l'on considère la concession comme un don, d'après les principes de droit, aussitôt que le don est accepté, le donateur est dessaisi, et le donataire investi de la chose donnée, qui devient sa propriété.

A la vérité, il y aurait ici une distinction à faire :

Dans l'état civil, le donateur n'est point chargé de veiller aux intérêts du donataire : une fois la donation acceptée, tout est consommé entre eux ; tandis que le prince, après la concession faite et acceptée, reste toujours le surveillant, le garant des intérêts des peuples ; et si, par la concession, ces intérêts étaient compromis, le motif qui lui a fait faire la concession devrait la lui faire retirer. Toutefois, comme nous supposons que la concession satisfait aux intérêts des peuples, le prince, même dans le cas où la concession serait considérée comme un don, n'aurait évidemment aucun titre pour se ressaisir de la charte concédée.

Mais si la concession était sollicitée par les besoins réels des peuples, cette concession n'est point un don, elle est un acte de la sagesse et de la justice du prince. En effet, dès que la sagesse du prince eut discerné et jugé que la concession était nécessaire au bonheur des peuples, le prince n'était plus libre ; la justice lui prescrivait la concession, autrement il n'aurait pas rempli sa mission de roi, qui n'a d'autre objet que le bonheur des peuples.

Ah, sûrement, les peuples ne doivent pas moins de reconnaissance au prince dont la sagesse s'applique à discerner leurs besoins et dont la justice ordonne les concessions que ces besoins exigent ; au prince législateur qui

se consacre à la patrie, fixe ses destinées et assure son
bonheur. Un tel prince est un présent du ciel; ou plutôt
un roi juste et sage, un roi grand législateur, est l'image
de Dieu même; tous les peuples doivent le bénir!

Une fois la concession faite (nous raisonnons toujours
dans l'hypothèse où cette concession satisfait aux intérêts
nationaux), le prince a encore moins de liberté.

Notre septième chapitre explique que l'autorité naquit
de la puissance qui parvint à satisfaire aux intérêts des
peuples, et qu'elle se perpétue par le principe de l'hérédité, qui garantit ces intérêts. Si l'autorité prend ses titres
de l'intérêt des peuples, elle ne peut agir que pour cet
intérêt. En agissant dans un sens opposé, elle serait
sans titre, elle cesserait d'être autorité, ce ne serait plus
qu'une puissance tyrannique. Le prince ne peut donc,
dans l'hypothèse où la concession satisfait aux intérêts de la
nation, avoir aucun titre pour retirer la charte concédée.
Sa volonté ne peut détruire l'œuvre de sa sagesse; il est
lié par sa propre justice. C'est, au surplus, le lien qui
borne la puissance de la Divinité, comme nous l'avons
déjà remarqué en tête de ce chapitre.

Enfin notre septième chapitre explique encore que l'autorité monarchique est nécessaire et indépendante de toute
volonté humaine, parcequ'elle est l'expression même de
l'intérêt des peuples, qui les domine nécessairement, indépendamment de leur volonté.

Si la charte concédée est de même l'expression des
besoins réels des peuples, l'expression de leur intérêt,
elle est aussi nécessaire, aussi indépendante de toute volonté.

Non que la double nécessité dont je parle soit absolue, puisqu'il existe des peuples qui ne sont point régis par l'autorité monarchique, et beaucoup de monarchies qui n'ont point de constitutions écrites ; mais cette nécessité agit sur la volonté des peuples en ce sens, qu'il ne dépend point d'eux de préférer au sort heureux dont ils jouissent un sort moins fortuné, ou calamiteux ; que le sentiment de leur bien-être, de leur intérêt, les attache indépendamment de leurs volontés, les attache nécessairement à l'instrument de leur bonheur, à l'autorité monarchique et à la constitution qui en garantit le salutaire exercice, et que c'est seulement par des actes de violence qu'ils peuvent en être arrachés.

Il est ainsi démontré que dans l'hypothèse où la charte concédée satisfait aux intérêts nationaux, le prince ne peut avoir aucun titre légitime pour la retirer ; et que cette grande question sur le retrait ou le maintien de la charte concédée se réduit à savoir si cette charte satisfait ou non aux intérêts des peuples, si elle est ou non l'expression de leurs besoins réels.

Mais nous venons d'expliquer que la charte renfermait des lois antérieures à elle-même, des lois nées des besoins des peuples, des lois nécessaires, et qui, lors même qu'elles ne seraient pas écrites, ne pourraient être violées ; des lois que la charte avait seulement reconnues et régularisées, pour les mettre en harmonie avec l'autorité suprême, et établir simultanément l'édifice social. La question de convenance ne peut alors s'appliquer à ces lois nécessaires, inviolables et toujours subsistantes, qu'elles se trouvent ou non consignées dans une charte, et se

11

resserre dans le cercle des lois réglémentaires et d'amendements.

Sous cet aspect la question se confond avec celle de
savoir si la charte, après sa concession, peut être modifiée ;
question que nous examinerons tout à l'heure.

La discussion parvenue à ce point met, ce semble, à
portée de juger que la constitution de l'état doit être réglée,
non par un pacte entre le prince et la nation, mais par
une simple charte que concède le prince. Le prince, en
présentant la charte d'une main, conserve dans l'autre la
puissance nécessaire pour garantir les bienfaits de la concession. Le sort de la nation ne repose plus sur un vain
consentement mutuel, toujours mensonger dans les formes
populaires, et toujours impuissant pour gouverner les
peuples ; mais sur des lois sages, placées sous l'égide d'une
puissance conservatrice.

Abordons maintenant la question dont j'ai parlé plus
haut : la constitution, une fois établie, peut-elle être modifiée ?

Après que l'autorité monarchique se fut instituée en satisfaisant aux intérêts des peuples, en leur assurant le bien-
être social, la nécessité de l'hérédité du pouvoir se fit sentir
pour la garantie de ces intérêts, pour la perpétuité de l'ordre
et du repos des peuples, et le principe de l'hérédité s'iden-
tifia avec le pouvoir monarchique, qui fut ainsi amendé
d'après les leçons de l'expérience.

En second lieu, et en envisageant la question quant à
la France, le pouvoir, dans sa sphère d'action, n'a pas toujours été le même : à des époques différentes il a été ou
plus ample ou plus resserré ; aujourd'hui il se trouve limité

tout autrement qu'il ne l'a jamais été. Que sont ces limitations, sinon des modifications du pouvoir ?

Or, si la première loi de l'état peut être modifiée,
amendée, toutes les autres peuvent l'être à plus forte
raison.

Cependant des hommes d'état veulent distinguer les lois
constitutives de celles qui ne sont établies que pour
l'exécution des premières. Ils déclarent celles-ci inviolables, et celles d'exécution ou les lois réglémentaires seules
susceptibles d'être modifiées.

Sans doute qu'il n'est pas possible de détruire les lois
fondamentales, puisqu'elles sont nécessaires ; et c'est de ces
lois qu'il est écrit qu'en les violant l'on ébranle tous les fondements de la terre, après quoi il ne reste plus que la
chute des empires. Mais le même principe qui défend de
violer ces lois, parcequ'en méconnaissant leur autorité l'on
agit contre l'intérêt des peuples, ordonne de les modifier, de
les amender, quand l'intérêt des peuples le réclame. C'est
toujours à l'intérêt des peuples qu'il faut revenir pour
décider la question, soit qu'il s'agisse d'une loi fondamentale ou d'une simple loi réglémentaire.

Ces principes d'amendements présentent, il est vrai,
de grands dangers. La constitution remise sur le métier
éveillera de toutes parts des rivalités, des haines, des prétentions sans nombre ; chaque parti s'agitera pour obtenir
la suppression des articles qui le gênent et l'addition de
ceux à sa convenance ; et dans ces grands débats, la constitution, revisée sous l'influence des passions, au milieu
du choc de tous les intérêts, au lieu d'être simplement
amendée, selon l'intention originaire, pourra sortir des

mains des réformateurs toute défigurée et en lambeaux.

Mais ce sera au gouvernement à apprécier ces dangers, à ne pas s'y exposer légèrement. Il ne devra jamais être question d'amender une loi fondamentale dans le dessein d'une amélioration spéculative. Les simples lumières du bon sens disent que l'intérêt des peuples serait compromis si les lois fondamentales, créées par le temps et les besoins des peuples, étaient détruites en partie par des lois spéculatives, les rêves d'une imagination plus ou moins bien réglée.

Il faudra, pour statuer sur l'amendement que l'on voudra introduire, que le défaut de cet amendement se soit fait sentir long-temps; que les dangers qu'il peut engendrer aient été de même appréciés; que le temps ait préparé, mûri et amené le nouvel ordre de choses, en telle sorte que la politique n'ait plus qu'à le reconnaître et le consacrer. De cette manière, la loi modifiée sera toujours l'expression des besoins des peuples; elle sera toujours à leur égard ce qu'elle était avant la modification, et le besoin de cette modification.

Le changement d'une simple loi réglémentaire ne prescrira pas moins de circonspection. Ce ne sera qu'après avoir comparé l'avantage de l'innovation avec les dangers qu'elle peut faire naître, qu'après avoir long-temps calculé et pesé toutes choses, que l'on pourra se déterminer sur l'admission, le rejet ou l'ajournement de l'innovation, selon qu'en définitive le plus grand intérêt des peuples l'aura exigé.

« En ouvrant la lice à toutes les ambitions, aux pas- » sions, objectera-t-on, qui pourra apprécier leur puis-

» sance et assigner la borne qu'elles ne dépasseront point?
» D'ailleurs comment s'assurer que, sous le manteau de
» l'intérêt national, ce ne seront point des intérêts spéciaux
» qui arracheront les amendements? »

Pour éviter ce double écueil, la constitution, si elle ne
peut être considérée comme inviolable, devra du moins
participer de l'inviolabilité, en ce sens que la nécessité
seule pourra y porter atteinte et toucher à cette arche de
salut. La nécessité saura bien se produire, faire distinguer
l'intérêt national d'un intérêt spécial, signaler les amen-
demens, poser la borne des innovations, contenir les
prétentions des partis, rassurer la nation, et prévenir les
dangers les plus redoutables.

Maintenant que nous avons reconnu le principe d'a-
mendement, reste à examiner par qui sera jugée l'oppor-
tunité de l'amendement, et par qui il sera établi.

Il semble, au premier coup d'œil, que le prince qui a
concédé la charte doive seul apprécier la nécessité de sa
modification, et établir seul les changements qu'elle doit
subir.

Pourtant, si c'est l'intérêt des peuples qui a dicté la
constitution, si c'est encore l'intérêt des peuples qu'il faut
consulter pour la modifier, la question revient à savoir
comment l'on discernera ce qu'exige l'intérêt des peuples.

Le prince sera-t-il mieux informé, au milieu de sa cour,
et du jeu des intrigues qui peuvent s'y pratiquer, qu'au
milieu de son parlement et par les débats publics des
hommes les plus éclairés de la nation, ayant un caractère
légal pour discuter ses intérêts, et étant d'ailleurs envi-
ronnés de tous les documents propres à éclairer la discus-

sion? Il ne peut y avoir d'incertitude sur la réponse à cette
question.

« Si le parlement intervient aux débats, réplique-t-on,
» et délibère, ce sera faire découler une loi fondamentale
» des organes des peuples, et reconnaître le principe de
» la souveraineté du peuple. »

Non; l'intervention ne peut avoir cette conséquence.

Le principe de l'intervention tend à satisfaire les intérêts
des peuples. Le principe de la souveraineté du peuple
tend à détruire les mêmes intérêts. Ces deux principes
s'excluent, et la reconnaissance de l'un ne peut au-
cunement être considérée comme la reconnaissance de
l'autre.

Il y a une autre raison, plus concluante encore, à opposer. Le parlement ne représente point le peuple, suivant que nous l'expliquerons à la fin de ce chapitre.

« L'on ajoute que, pour éluder la difficulté, il serait
» plus à propos que le parlement intervînt seulement
» comme conseil, sans délibérer, afin que la prérogative
» du prince, le droit de changer la constitution, restât con-
» sacré dans ses mains. »

Cependant si le prince, après avoir recueilli l'avis du
parlement, jugeait à propos de n'y point avoir égard
et de faire à la constitution des changements que le
parlement aurait trouvés contraires à l'intérêt national,
il serait probable que le prince aurait été mal informé,
ou du moins cette hypothèse serait plus vraisemblable que celle de penser que le parlement, l'organe du
peuple, a été lui-même mal informé, qu'il se met en
opposition avec le prince pour agir contre l'intérêt des

peuples, et dans ce cas l'intérêt national prescrirait d'investir le parlement d'un veto, d'une garantie.

Au surplus, le droit de modifier la constitution, qui serait réservé au prince, ne pourrait être un droit arbitraire, mais seulement le pouvoir d'agir selon l'intérêt des peuples. Il faut donc toujours revenir à l'organe de l'intérêt des peuples, et aux formes qui garantissent le triomphe de cet intérêt, c'est-à-dire que, dans la question d'amendements à la constitution, le parlement doit délibérer, et ne point se borner à donner son avis au prince.

J'ai dit que le droit de modifier la constitution, qui serait réservé au prince, ne pouvait être arbitraire; ce principe n'est pas, je crois, susceptible d'être contesté. Oui, aucune autorité arbitraire ne saurait exister en droit : il n'est pas un prince, pas un gouvernement, même les plus despotiques, qui soient investis d'une autorité arbitraire. C'est même improprement que les princes sont appelés souverains. Ils ne sont réellement que les juges et les ministres de l'intérêt des peuples.

L'intérêt national est pour le prince ce que la loi est pour le juge. De même qu'un juge dans ses fonctions n'a jamais à consulter sa volonté, qu'il n'est point en sa puissance de changer la loi, de la voir sous un autre aspect que celui sous lequel son intelligence l'aperçoit, et qu'il ne peut prendre d'autre voie que celle que la loi lui prescrit; de même les princes, dans leur gouvernement, n'ont point à prendre conseil de leur volonté : il n'est pas en leur puissance de changer l'intérêt national et les besoins des peuples, de les juger autrement que leur intelligence ne les leur montre, et de suivre une autre marche que

celle tracée par l'intérêt et les besoins de leurs sujets. Toutefois, en appréciant ces intérêts, et ces besoins ainsi que
les mesures qui doivent y satisfaire, les princes peuvent
se méprendre, et c'est par cette raison que la politique
les environne de conseils ou de parlements pour les éclairer. Ils peuvent encore, même après avoir été bien infor-
més, se laisser entraîner à leurs passions ; et, pour parer
à ce danger, les parlements, dans les gouvernements représentatifs, sont investis d'un veto. Mais ces mesures
mêmes, prises pour assurer le règne de l'intérêt national,
prouvent que cet intérêt seul recèle la souveraineté; et
l'on peut dire que tous les gouvernements sont seulement
des formes différentes par lesquelles se produit cette souveraineté.

Les gouvernements despotiques sont des formes très
imparfaites, parcequ'elles laissent souvent l'ignorance ou
les passions prendre la place de l'intérêt national pour
diriger le gouvernail de l'état.

Les gouvernements populaires sont également des
formes très imparfaites par les mêmes motifs. Nos discussions précédentes démontrent cette vérité.

Enfin, les gouvernements monarchiques tempérés , ou
plutôt les gouvernements représentatifs , sont les formes
les plus parfaites, parceque ces formes empêchent que
l'ignorance ou les passions puissent tenir le sceptre et
qu'elles ordonnent toutes choses pour que l'intérêt national parvienne à dominer.

Cependant toutes ces formes quelles qu'elles soient ne
peuvent cacher, faire méconnaître ou changer la souveraineté, elle reste toujours la même ; c'est toujours l'in-

térêt des peuples, et jamais la volonté arbitraire des princes, qui doit régner. Il n'est peut-être point de despote qui osât nier ce principe.

Un grand prince, à qui l'on a reproché son despotisme, était un jour sollicité pour quelque faveur. « Un seul mot vous suffit, » lui dit le solliciteur. « Et ce mot, répond le prince, si je ne dois pas le dire? ». Le prince reconnaissait donc que ce n'était point sa volonté qui était souveraine.

Soliman, dans sa campagne de Hongrie, est abordé par une pauvre femme, qui se plaint que, pendant qu'elle dormait, les soldats du prince lui avaient tout enlevé. « Il fallait, lui répond l'empereur, que votre sommeil fût bien profond pour n'avoir rien entendu de ce désordre? »—Il est vrai, réplique la bonne femme, que je dormais en paix, dans la confiance que l'empereur veillait pour tous. » Soliman, tout sultan qu'il était, apprécia la justesse de cette réponse, et, en faisant amplement dédommager la bonne vieille, en lui donnant mille marques de bienveillance, reconnut aussi qu'il n'était que le garant, le ministre des intérêts des peuples.

Si une autorité arbitraire ne peut exister en droit, nous verrons plus tard qu'elle ne peut guère non plus se soutenir en fait.

En établissant, par la discussion de ce chapitre, que le pouvoir royal doit être limité par une charte concédée et les deux chambres d'un parlement, nous nous trouvons poser les bases du gouvernement représentatif.

Pour compléter le système, nous n'avons plus qu'à examiner comment les deux chambres du parlement doivent être instituées, et comment leur action doit se produire.

Nous répondrons sur la première question dans ce chapitre même, et la seconde sera l'objet du chapitre suivant.

Comme les garanties de la nation sur l'exercice dans ses intérêts de la puissance parlementaire doivent principalement émaner des éléments constitutifs du parlement, et que c'est principalement sous ce rapport que le mode de son institution nous intéresse, plutôt que de nous renfermer dans l'explication de ce mode, nous allons le développer sous le titre de *garanties parlementaires,* titre qui nous permettra de jeter en même temps un coup d'œil sur les autres garanties parlementaires, et de les placer toutes dans un même jour.

Garanties parlementaires.

Il ne suffit pas que le parlement réunisse tous les titres compétents pour créer, sous les auspices du prince, les meilleures lois possibles; il est nécessaire encore qu'il présente des garanties quant à l'exercice dans l'intérêt national de la puissance législative.

Il n'est pas moins nécessaire que la nation ait des garanties pour prévenir les envahissements, soit du parlement sur le pouvoir exécutif, soit du pouvoir exécutif sur le parlement; envahissements qui dénatureraient et détruiraient promptement le gouvernement représentatif. Cherchons quelles doivent être ces garanties.

La nation aura des gages de l'institution de la loi dans son intérêt :

1° Dans le choix qu'elle fera elle-même d'une partie

des législateurs, comme nous l'expliquerons tout à l'heure;

2° Dans la publicité des débats du parlement, ou du moins de l'une des chambres : ce qui se fait au grand jour se fait avec bonne foi;

3° Et dans la sanction royale.

Le prince, instruit par son gouvernement des besoins des peuples, et bien éclairé par les débats du parlement sur les avantages ou les dangers des mesures qu'il a proposées lui-même pour satisfaire aux vœux de la nation, pourra toujours, dans la haute région où il se trouve placé, juger avec la plus grande sagesse si la loi discutée est ou non à la convenance de la nation; et comme le prince est le plus intéressé à cette convenance, sa sanction en sera la meilleure garantie.

Le parlement, dans les envahissements qu'il pourrait tenter contre le trône, sera contenu par l'initiative du prince, sa sanction et sa prérogative quant à la dissolution du parlement.

L'initiative pour la loi, placée dans les mains du prince, préviendra des propositions intempestives de la part du parlement, et les usurpations que pourraient recéler ces propositions.

La sanction du prince mettra encore mieux le trône à l'abri des entreprises du parlement.

Enfin le trône trouvera un dernier rempart contre ces entreprises, dans la prérogative qui lui confère le droit de dissoudre le parlement lorsqu'il le juge à propos.

Le parlement à son tour sera à l'abri des entreprises

du trône, et donnera d'ailleurs à la nation des garanties pour la défense de ses intérêts.

D'abord par son veto,

Et surtout par les mesures qui seront adoptées pour son institution.

S'il se composait d'hommes choisis par le prince, ou qui fussent sous sa dépendance, toute la puissance du parlement pourrait glisser dans les mains du prince, et laisser le gouvernement représentatif se convertir en monarchie simple. C'est principalement contre ces dangers que le parlement doit présenter dans les éléments de son institution des garanties suffisantes. Mais avant de parler de ce mode d'institution, il est à propos de remarquer que les deux chambres ne doivent point avoir la même origine, être établies sur le même pied; car, animées alors d'un même esprit, elles ne formeraient plus qu'une seule puissance envers le trône, et la politique perdrait les avantages qui ressortent d'une trinité de puissances, les avantages qu'elle peut tirer de l'intervention d'une puissance intermédiaire pour entretenir l'harmonie.

Occupons-nous d'abord de l'institution de l'une des chambres.

Que les principaux citoyens de l'empire nomment eux-mêmes les membres de cette chambre;

Que les éligibles soient seulement pris parmi les citoyens d'une fortune indépendante,

Et que ces députés ne soient élus que pour un temps limité.

Ces mesures assureront les avantages qui vont être signalés.

En premier lieu, les électeurs feront nécessairement tomber leurs choix sur des personnages probes et éclairés et qui auront les mêmes intérêts qu'eux à défendre. Certes, de pareils députés seront bien propres à rassurer la nation sur le soutien de ses intérêts.

Ensuite la fortune indépendante des députés les rendra eux-mêmes indépendants du trône; ils pourront plus facilement résister à toutes séductions, résister aux envahissements du prince, et demeurer les inébranlables défenseurs des libertés publiques.

Enfin, ces députés étant seulement élus pour un temps limité, les peuples, dans le cas où ils auraient fait de mauvais choix, pourront, par de nouveaux choix, mieux placer leur confiance et se donner des défenseurs plus dévoués. Au reste, les réélections ne serviront pas seulement de garantie à la nation, elles établiront encore entre les peuples et le parlement ces relations dont nous avons parlé au 6e chapitre, relations nécessaires pour connaître l'opinion et les besoins des peuples.

Une seule chambre du parlement instituée sur ce pied, présentera donc déjà de puissantes garanties à la nation.

Mais l'on fait une objection quant au privilége d'élection exercé par un certain nombre de citoyens seulement.

« Tous les citoyens étant égaux en droits, il faut, dit-
» on, que le droit d'élection soit accordé ou refusé à tous,
» que toutes les classes interviennent par la voie de re-
» présentation dans les lois qui doivent les régir, ou,
» si elles n'ont point ce droit, qu'aucune ne soit repré-
» sentée; le principe est le même pour tous, et ce n'est

» que par l'arbitraire, le pur arbitraire, que l'on peut éta-
» blir des distinctions. »

Les dernières classes de la société étant sans fortune et
sous la dépendance des premières, qui les font vivre, ne
peuvent avoir une volonté politique, libre et indépendante, comme nous l'avons déjà remarqué; le droit de représentation qui leur serait accordé ne serait exercé que
dans l'intérêt des premières classes, ne servirait qu'à faire
ressortir la volonté de ces premières classes et non la volonté générale.

D'un autre côté, si tous les citoyens sont appelés aux
élections, l'on verra, pour la nomination des députés
dans chaque province, des désordres et des troubles pareils à ceux de la Pologne pour l'élection de ses rois. Ces
dangers, d'ailleurs, ne sont pas les seuls à redouter; et
lorsque nous examinerons le jeu du gouvernement représentatif, nous reconnaîtrons qu'une représentation nationale même resserrée, mais dont la majorité serait démocratique, mettrait également le gouvernement en
péril.

En Angleterre, une grande partie du peuple ne vote
point, et cependant les élections présentent, sous les divers
rapports que nous venons d'indiquer, de si grands dangers, que pour les éloigner et ménager au gouvernement
plus de ressources pour s'en garantir dans les occasions
inévitables, il a fallu éloigner beaucoup les renouvelle-
ments des élections. Ce n'est que tous les sept ans qu'elles
ont lieu.

Or, si l'exercice du droit de suffrages par les classes
dépendantes de la société n'est qu'un monopole accordé

aux premières classes ; s'il n'aboutit qu'à faire triompher les intérêts, les volontés particulières de ces classes, et non la volonté générale ; si d'ailleurs il présente de grands dangers pour la nation, les classes dépendantes ne peuvent être fondées à réclamer un droit qu'elles sont incapables d'exercer, qu'il serait dangereux de leur confier, et la politique prescrit de rejeter impérieusement le mode de représentation générale.

A l'égard du privilége d'élection que la politique concède à un certain nombre de citoyens ou à certaines classes, classes d'ailleurs ouvertes à tous les citoyens, c'est un simple fait qu'elle établit à l'avantage commun, et non la reconnaissance du droit de représentation.

Les députés ne sont réellement point les représentants des électeurs, puisqu'ils agissent comme ils le jugent à propos, sans être astreints à prendre aucun ordre des citoyens qui les ont nommés ; ils sont les défenseurs, les juges des intérêts de la nation. La politique n'a pu songer à donner à la millième partie des citoyens des représentants et des défenseurs pour leurs intérêts, et négliger ceux de tous les autres citoyens ; ce serait violer sa première maxime, qui lui prescrit de satisfaire à tous les intérêts ; elle considère que chaque député est l'homme de la nation, et a caractère pour défendre ses droits et ses prérogatives sans acception de personnes.

Les députés au surplus seraient les représentants des électeurs, que l'on ne pourrait toujours tirer de ce fait aucune conséquence en faveur du principe de la représentation générale.

En politique, les principes n'ont d'empire que dans le

cercle du bien qu'ils peuvent produire; hors de ce cercle ils perdent leur autorité et ne sont plus rien.

Le principe de représentation générale, dans son application, loin de faire le bonheur des peuples, de satisfaire à leurs intérêts, les détruirait. Ce principe ne peut donc avoir aucune autorité, tombe dans le néant.

L'élection des députés par les principaux citoyens est une puissance de garantie, quant aux intérêts nationaux, et tourne à l'avantage commun. Ce principe d'élection tire alors son autorité du bien qu'il assure, et n'a pas besoin d'autre titre pour s'isoler du principe de représentation générale.

Venons maintenant à l'établissement de la deuxième chambre du parlement.

Dès que l'une des chambres du parlement doit être choisie par le peuple, l'autre chambre devra l'être par le prince, pour former contre-poids.

La chambre des communes recevant une grande puissance de son origine populaire,

La chambre haute, pour augmenter sa puissance et se rapprocher autant que possible de l'équilibre, devra recevoir dans son sein les premiers personnages de l'empire, les personnages les plus illustres, les plus riches, les plus influents.

La chambre des communes, par la force des choses, devant se trouver souvent en opposition avec le prince,

La chambre haute, par sa position, sera appelée à se placer en intermédiaire, à prendre le rôle de puissance médiatrice; et comme pour le remplir effectivement elle aura besoin d'une grande indépendance, il sera néces-

saire, pour lui assurer cette indépendance, que ses membres soient inamovibles, même que leurs dignités soient
héréditaires dans leurs familles.

La chambre haute établie comme on vient de l'expliquer ne servira pas seulement de puissance médiatrice;
les grandes prérogatives de cette chambre, prérogatives
qu'elle ne pourra conserver que par le maintien de la
constitution, l'intéresseront à ce maintien, lui feront
prendre sous sa sauvegarde toutes les libertés publiques,
et elle formera de la sorte la première des garanties nationales.

Tel est l'aspect théorique sous lequel doit être d'abord
envisagé le premier plan des deux chambres du parlement
et leur mode d'institution, pour concourir à la législation
et garantir leur ministère. Mais cette première ébauche du
gouvernement représentatif devra subir de grandes modifications pour se ployer au jeu de ce gouvernement, et passer
de la théorie à la pratique. Nous allons exposer succinctement, dans le chapitre suivant, la théorie du gouvernement représentatif (théorie que nous venons de considérer
seulement sous le rapport des garanties parlementaires),
puis nous montrerons les modifications que son application
exige.

CHAPITRE X.

DE L'ACTION DES PUISSANCES LÉGISLATIVES, OU JEU DU GOUVERNEMENT REPRÉSENTATIF.

EXPOSITION DE LA THÉORIE DU GOUVERNEMENT REPRÉSENTATIF.

Le pouvoir législatif et le pouvoir exécutif réunis dans la même main produiraient la tyrannie; car ce serait la puissance de se déterminer et d'agir à son gré, la puissance absolue.

En séparant ces deux pouvoirs, l'on ne ferait que reculer le danger. Le pouvoir législatif dictant ses ordres au pouvoir exécutif, se trouverait par le fait envahir le pouvoir exécutif, et alors se reproduirait la réunion, la tyrannie.

Pour concilier ces difficultés, l'on a donné au pouvoir exécutif une part dans la législation, afin qu'il pût toujours s'opposer à toutes lois qui empièteraient sur lui. Le pouvoir législatif a été divisé en trois branches, dont l'une a été attribuée au prince, et les deux autres à l'aristocratie et à la démocratie.

Cependant si, entre ces trois puissances, comme entre les trois juges d'un tribunal, la majorité faisait la loi,

Ou l'aristocratie et la démocratie se réuniraient pour dicter la loi au prince, envahiraient le pouvoir exécutif, et ramèneraient la tyrannie ;

Ou le trône, en resserrant les liens qui l'unissent à l'aristocratie, détruirait l'influence populaire dans la législation, et l'on verrait toujours reparaître la fatale réunion, la tyrannie.

Pour éviter ce double danger, chacune des trois puissances législatives est investie d'un veto absolu qui garantit son indépendance de manière que la loi ne peut être instituée, et qu'il ne peut être enlevé à chacun des trois pouvoirs aucune prérogative que de son consentement (1).

« Mais toute puissance, allègue-t-on, tend toujours à
» s'élever, à s'agrandir, à régner sans partage; car telle est
» le caractère de l'homme, que tout obstacle lui inspire
» le désir de le vaincre, d'ailleurs l'ambition nous lance
» toujours au-delà du cercle de nos possessions. Ces
» trois puissances législatives, continuellement en pré-
» sence et aux prises, vont donc se faire la guerre?

» Alors, ou cette guerre se prolongera, et il y aura dans
» le pouvoir législatif, dans le gouvernement, une véritable
» anarchie;

» Ou bien l'une des puissances triomphera, mettra les
» autres sous sa dépendance, et fera de nouveau paraître
» l'odieuse réunion, l'odieuse tyrannie. »

Non, répond la théorie; car ces trois puissances indépendantes, en cherchant à s'élever par leur tendance naturelle, se rencontreront bientôt, se résisteront respective-

---

(1) Il y aurait à parler ici de l'initiative pour la loi; mais, comme dans les mains du prince elle n'est qu'une garantie de sa sanction et se confond avec son veto, l'on raisonne dans l'hypothèse où le prince en est investi, pour n'avoir point à compliquer le jeu du gouvernement représentatif par les effets divers que l'initiative produirait si elle était attribuée au parlement ou à l'une des chambres seulement; voir au surplus la deuxième note du troisième paragraphe.

ment, établiront leurs limites par la balance, l'équilibre de leurs forces, et seront obligées, dans leur commun intérêt, de s'accorder pour marcher de concert.

L'on fait contre la théorie cette dernière objection : « Si, dans leur indépendance, les trois puissances » législatives se balancent par leurs forces respectives, le » prince, dont la puissance est étayée du pouvoir exécutif, » doit avoir l'avantage sur chacune des deux autres puis- » sances considérées isolément, il doit tendre continuel- » lement à détruire l'équilibre, à ramener la réunion, la » tyrannie. »

Une barrière, réplique la théorie, est créée contre ce danger. Les chambres peuvent attaquer, juger et punir, non le prince, ce qui serait détruire l'indépendance lé- gislative et l'édifice social, mais ses ministres, qui sont responsables des abus que le prince peut faire de son pouvoir, et sont avertis par là de ne conseiller jamais rien d'inconstitutionnel.

Par toutes ces combinaisons, poursuit la théorie, le pouvoir, toujours limité et indépendant, est contraint d'agir dans l'intérêt commun, sans pouvoir jamais devenir des- potique.

Cette théorie est admirable sans doute, cependant elle est loin de résoudre les difficultés qu'elle crée; et dans son application elle exige d'autres combinaisons qui la mo- difient beaucoup.

Je vais faire voir, dans un premier paragraphe, que cet équilibre et cette marche de concert entre les trois puissances législatives ne sont pas possibles; qu'il y aura toujours lutte entre elles, et que, pour éviter le triomphe et la prépondérance que finirait par s'assurer la puissance la plus dangereuse, la démocratie, il faut que tout soit ordonné pour que cette prépondérance reste au trône.

Je réfuterai, dans un second paragraphe, le système qu'on voudrait substituer à la théorie, et j'arrêterai un peu les regards sur les dangers de la prépondérance démocratique.

J'expliquerai ensuite,

Sous le troisième paragraphe, les modifications que doit subir la théorie dans l'organisation du parlement, et le mode d'action de la puissance parlementaire, pour laisser au prince sa prépondérance naturelle, la limiter, et assurer le jeu du gouvernement représentatif ;

Et dans un quatrième et dernier paragraphe, quelles résistances doivent être destinées, indépendamment de celles des chambres, à contenir l'autorité du prince et prévenir son despotisme.

§ 1.

L'ÉQUILIBRE ET LA MARCHE DE CONCERT ENTRE LES TROIS PUISSANCES LÉGISLA-
TIVES NE SONT PAS POSSIBLES ; IL Y AURA TOUJOURS LUTTE ENTRE ELLES , ET ,
POUR ÉVITER LE TRIOMPHE ET LA PRÉPONDÉRANCE QUE FINIRAIT PAR S'AS-
SURER LA DÉMOCRATIE , IL FAUT QUE TOUT SOIT ORDONNÉ DE MANIÈRE QUE
CETTE PRÉPONDÉRANCE RESTE AU TRÔNE.

En politique, le droit de prendre part à une délibération pour défendre ses intérêts et y donner son vote perd beaucoup de son influence, s'il n'est soutenu par une puissance respectable : c'est ce que nous remarquons tous les jours dans les congrès.

Or, dans cette espèce de congrès législatif qui aura lieu entre le prince et les chambres, pour que l'influence fût la même, ou plutôt pour que l'équilibre pût se maintenir par les résistances de chaque puissance, il faudrait que les forces des trois puissances fussent à peu près égales; et certes elles sont loin de l'être.

La puissance du prince est soutenue par son pouvoir exécutif, et principalement par la nécessité du pouvoir royal pour un grand empire, et par l'attachement des peuples pour ce pouvoir tutélaire.

De son côté la chambre des communes, en relation directe avec les peuples qui la chargent de défendre leurs intérêts, d'exprimer devant le trône leurs besoins et leurs vœux, s'identifie pour ainsi dire avec les peuples dont elle est l'organe, et se trouve forte de leur puissance.

Quant à la chambre haute, quel appui peut-elle avoir hors de son sein, quand il n'existe point de classe nobiliaire?

Il suffit, je crois, d'envisager chacune de ces trois puissances dans sa sphère, pour reconnaître l'impossibilité de résistances égales et d'équilibre entre elles (1).

---

(1) Mais voici comment l'on voulait produire cet équilibre :

« Le pouvoir royal, disait-on, et le pouvoir démocratique sont naturel-
» lement opposés d'intérêt dans une lutte permanente. Si, entre ces deux
» pouvoirs, l'on place la puissance aristocratique, bien qu'elle n'ait pas une
» force égale à celle du prince et de la démocratie, elle pourra cependant
» jouer le rôle d'arbitre, de médiatrice entre eux ; et en se portant du côté
» de la puissance la plus faible, elle pourra toujours les ramener au niveau,
» les replacer et se placer elle-même sous la loi de l'équilibre, rétablir l'har-
» monie et la marche législative. »

A des principes mécaniques l'on peut répondre par d'autres principes mécaniques.

Examinons sous cet aspect toute la théorie.

Afin de juger d'ailleurs l'impossibilité de leur marche de concert, considérons chaque puissance législative, dans son état d'inertie, se retranchant derrière son veto.

Puisqu'il n'existe au-dessus d'elles aucun pouvoir coërcitif qui les oblige à se réunir, il n'y a que l'intérêt commun, la nécessité, qui puisse amener cette réunion pour créer la loi et entretenir la marche du gouvernement.

Mais ces trois puissances ont des intérêts différents, et en second lieu la nécessité n'agit pas également sur elles ; les chambres peuvent se concentrer autant qu'il leur plaît dans leur veto, tandis que le pouvoir exécutif est obligé d'en sortir, d'arriver à composition, pour obtenir de l'ar-

---

Les trois puissances législatives, livrées à leurs propres impulsions et devant se résister, se limiter respectivement pour établir l'équilibre entre elles, sont comme trois ressorts abandonnés à leurs propres forces, et agissant respectivement les uns sur les autres.

Si les forces sont égales de toutes parts, il y aura équilibre entre elles, mais aussi repos absolu ; et si les trois puissances qui forment l'âme même du gouvernement, l'âme du souverain (car le pouvoir exécutif en est seulement le bras), se maintiennent dans un repos absolu, d'où naîtra l'action pour faire marcher le gouvernement ?

Si les forces dont s'agit sont inégales, la plus forte dominera la plus faible, et dans cette hypothèse il n'y aura plus d'équilibre.

Enfin, si l'une des trois puissances, la chambre haute, se porte du côté de la puissance la plus faible, la chambre haute jouera en effet le rôle d'arbitre ; mais aussi elle aura la prépondérance, elle pourra à son gré entretenir ou rompre l'équilibre, c'est-à-dire qu'il n'y aura plus d'équilibre.

Cette théorie conduit donc à un équilibre sans action, ou une action sans équilibre. Mais ces jeux de mots, ces jeux mécaniques ne sont point de la politique.

Il suffit de considérer d'une part que la théorie dont nous nous occupons suppose une égalité de force entre les puissances rivales, et d'un autre côté que cette égalité n'existe point, ne peut exister dans la nation, pour être convaincu que la théorie, dans son application, a besoin d'être modifiée, et que son gouvernement de concert et par équilibre n'est pas possible.

gent et des lois, et ne point voir le gouvernement s'arrêter, se briser dans ses mains.

Ainsi ces trois puissances législatives, dans leurs prétentions diverses, sont placées sous des chances inégales, et soutenues en outre, comme nous l'avons expliqué plus haut, par des forces plus inégales encore.

Il n'y a là, ce semble, que germes de discordes et de guerres.

« Ces trois puissances qui participent au gouvernement, » dit Montesquieu, forment un repos ou une inaction; » mais comme, par le mouvement nécessaire des choses, » elles sont contraintes d'aller, elles seront forcées de » marcher de concert. »

Malgré cette nécessité de marcher de concert, Jean-Sans-terre, qui donna aux Anglais leur grande charte, fut toute sa vie en guerre avec son parlement.

Henri III eut les mêmes guerres à soutenir; il fut vaincu et fait prisonnier, et ce ne fut que par la victoire qu'Édouard, son fils, remporta sur le comte Leicester, qu'il recouvra la liberté et la couronne.

Édouard II fut déposé par le parlement, jeté dans les fers et mis à mort.

Richard II éprouva le même sort.

Les rois ses successeurs, effrayés par ces attentats, suivirent une autre politique, et, au lieu de heurter le parlement, ou de se reposer sur cette prétendue marche de concert, ils mirent tout en œuvre pour placer le parlement sous leur dépendance.

Par ces manœuvres, Henri VIII régna en despote, et sut faire du parlement un instrument de ses volontés.

Mais Charles Ier, qui voulut être roi sans descendre aux mêmes manœuvres, fut sans cesse en butte aux attaques du parlement, et périt sous ses coups.

Jacques II, son second fils; principalement pour s'être mis mal avec son parlement, fut renversé de son trône et expulsé à jamais de ses états.

Guillaume III, son successeur, eut lui-même fort à faire avec son parlement; et s'il refusait de signer la paix avec Louis XIV, c'était pour perpétuer la guerre au dehors, et empêcher la guerre civile de bouleverser la nation.

A la vérité, depuis Guillaume III l'on n'a plus vu de telles commotions; mais nous en expliquerons tout à l'heure les causes.

Dans tout ceci que devient cette prétendue nécessité entre les différents pouvoirs du gouvernement pour marcher de concert?

Était-ce de concert avec le parlement qu'Édouard II et Richard II sont déposés, que Jacques II est expulsé de son empire?

Et, dans notre propre pays, pourquoi les constitutions de l'an III et de l'an VIII n'ont-elles pu se soutenir? elles établissaient aussi la division des pouvoirs, et l'équilibre qui devait faire marcher ces pouvoirs de concert.

Il faut reconnaître que cet équilibre et cette marche de concert ne sont pas possibles, et qu'il y aura toujours lutte entre les trois puissances.

Dans cette lutte, la démocratie finirait par triompher et s'assurer la prépondérance.

D'abord, parcequ'elle possède la force réelle, et qu'en définitive c'est toujours celle-là qui doit l'emporter.

Et ensuite parcequ'elle tient la bourse, et qu'en l'ouvrant ou la serrant, elle peut en quelque sorte entretenir la vie du gouvernement ou le faire périr.

« Le prince, pourra-t-on objecter, est maître de casser
» la chambre élective. » Oui : mais alors la bourse publique passera des mains des communes aux mains des
électeurs ; c'est-à-dire que la démocratie centuplera ses
rangs pour mieux résister au prince, lui dicter la loi, et
s'assurer par son triomphe la prépondérance dans le gouvernement.

Cependant le principe démocratique est le plus imparfait des trois principes qui constituent les gouvernements
mixtes, suivant que l'explique notre deuxième chapitre.

Et d'un autre côté le principe monarchique est le
meilleur, celui qui réunit le plus d'avantages et présente
le moins d'inconvénients.

Dans cette position des choses, plutôt que d'abandonner les trois puissances législatives à elles-mêmes, et de
livrer à la démocratie une prépondérance qui serait dangereuse dans ses mains ; il faut que tout soit ordonné de
manière que cette prépondérance reste au prince ; il faut
que, derrière cette théorie d'équilibre, cette machine politique, le prince puisse, par sa prépondérance, imprimer
à cette machine un même principe d'action, une même
direction, animer tout le corps politique, maintenir ses
forces vitales dans les bornes de sa conservation, et
prévenir les défauts de rouages, ou toute commotion qui
pourrait nuire au gouvernement ou le renverser.

§ 2.

RÉFUTATION DU SYSTÈME QU'ON VOUDRAIT SUBSTITUER A LA THÉORIE, ET QUELQUES DÉVELOPPEMENTS SUR LES DANGERS DE LA PRÉPONDÉRANCE DÉMOCRATIQUE.

Forcé de reconnaître l'impossibilité de la marche de concert entre les trois puissances législatives et la nécessité de la prépondérance royale, l'on prétend que le jeu du gouvernement représentatif doit se produire sous l'influence d'une double prépondérance.

« Il est de l'essence du gouvernement représentatif, » allègue-t-on, que la représentation nationale, la majorité parlementaire, gouverne ou du moins dirige le » gouvernement, autrement ce ne serait plus le gouvernement représentatif. Toutefois il faut distinguer le prince » du gouvernement proprement dit, de son ministère. » Le parlement doit seulement diriger le ministère, sauf » au prince, dans le cas où la marche du gouvernement » serait enchevêtrée ou arrêtée par les débats du minis- » tère et du parlement, à interposer son autorité suprême » pour faire cesser les luttes et rétablir la marche du » gouvernement, soit en renvoyant le ministère, soit en » cassant le parlement. Ainsi la nation exercera dans le » gouvernement l'influence qu'elle doit avoir, et le prince » conservera dans sa sphère élevée la prépondérance né- » cessaire pour entretenir la marche du gouvernement » sans que les débats du parlement et du ministère puis· » sent jamais compromettre son autorité protectrice. »

Ce système rentre évidemment dans le cadre de la théo- rie simple : car, lorsque le prince cassera le parlement et convoquera les colléges électoraux, sa prépondérance passera dans les mains des électeurs, pour être ensuite confiée à la chambre des communes, qui sera chargée de prononcer en définitive sur les débats qui auront fait casser le parlement; c'est-à-dire que ce sera toujours à la démocratie que reviendra l'autorité en dernier ressort.

Nous avons déjà expliqué que la prépondérance démocratique serait dangereuse pour le gouvernement, nous allons continuer à signaler les dangers de cette prépondérance, en suivant dans ce paragraphe les conséquences du système que je viens d'exposer.

D'abord, confier la direction du gouvernement à la majorité parlementaire, en laissant le sceptre entre les mains du prince, c'est établir deux gouvernements, celui de fait, et le gouvernement de droit; c'est décréter un état de guerre. Jamais l'on ne pourra établir dans l'empire un second empire; il faut que l'un ou l'autre succombe.

En second lieu, quel danger n'y a-t-il point à placer l'autorité en dernier ressort dans les mains de la démocratie? Tous les hommes ont une soif ardente du pouvoir, et ne laissent jamais échapper l'occasion de le saisir. C'est là une vérité constante. Si le gouvernement tombe une fois sous l'empire de la démocratie, la démocratie le tiendra sous sa dépendance, elle envahira tous les emplois, toutes les avenues du pouvoir, pour établir son règne, ce règne que rien ne peut contenir dans de sages bornes, et qui bientôt renversera toutes les barrières légales, bouleversera l'état, et le précipitera dans la ruine ou sous la verge d'un despote.

A Carthage, à Rome, à Athènes, dans toutes les républiques de la Grèce, l'on voit toujours l'état marcher à sa ruine, tomber dans l'anarchie ou sous le despotisme, dès que la démocratie cesse d'être contenue, dès qu'elle peut avoir le pas dans le gouvernement.

Vainement l'on objecterait que les républiques anciennes ne peuvent être rapprochées de nos gouvernements représentatifs, qu'il n'y a point de similitude à établir. Le principe est toujours le même : partout soif du pouvoir, et partout abus du pouvoir, en raison du défaut de barrières, ou plutôt de la force qu'on possède pour les renverser.

Bornons-nous cependant à suivre la marche de la démocratie en Angleterre et en France.

En Angleterre, les communes n'ont d'abord au parlement qu'un droit de présence. Elles acquièrent ensuite voix délibérative. Plus tard, liées avec l'aristocratie, elles déclarent qu'elles peuvent établir des lois indépendamment du prince. Peu après elles se débarrassent de l'aristocratie, et prétendent que le droit de faire des lois ou de la souveraineté appartient à elles seules. Enfin elles renversent le trône, et la nation tombe dans l'anarchie, puis sous le despotisme de Cromwel.

En France, les mêmes phases se reproduisent quant au pouvoir du tiers dans les états-généraux ; et après que le doublement du tiers lui est accordé, il proclame qu'il représente la nation, renverse les autres ordres, renverse le trône et plonge la nation dans le chaos de l'anarchie, ou sous le despotisme de Robespierre.

« Ce sont là des cas extraordinaires, alléguera-t-on, » des moments de fièvre pour les nations. »

Oui ce sont des cas extraordinaires en effet, et la raison en est toute simple : ce fut seulement sous Charles Ier et Louis XVI que la démocratie, en Angleterre et en France, eut l'occasion de se saisir du sceptre législatif et par suite du gouvernement; mais ce qui est ordinaire, c'est que, du moment où la démocratie cesse d'être contenue, elle déborde et renverse tout; et ces mêmes révolutions, signalées comme extraordinaires, feront continuellement gémir la nation, si le gouvernement est subordonné à la majorité parlementaire, et en définitive à la démocratie.

Qu'on parcoure tous les âges du monde, l'on verra toujours les passions des hommes, placées dans les mêmes circonstances, exercer le même empire.

Si les janissaires aujourd'hui tiennent leur prince en tutelle comme jadis la garde prétorienne, c'est qu'ils se trouvent dans une position analogue à celle de cette ancienne garde.

Si vos électeurs, comme autrefois les citoyens libres de la Pologne, ont en main le pouvoir en dernier ressort, le pouvoir suprême de l'état, vous serez infailliblement exposés aux mêmes orages.

Qu'on ne dise point que « l'ordre est un sentiment na-
» turel à l'homme, qu'au point où en sont les lumières,
» et surtout d'après les leçons de l'expérience, il n'est
» pas un citoyen qui ne désire conserver le gouverne-
» ment dans de sages limites. »

Si l'on suppose que désormais la raison règnera, il n'est pas besoin de se mettre tant en frais: le prince comme la démocratie peuvent bien tenir le sceptre.

Mais si la véritable difficulté est de se prémunir contre

les écarts du pouvoir, contre le règne des passions, ce n'est point à la démocratie qu'il faut confier la suprématie; parceque, encore une fois, le principe démocratique est le plus imparfait des principes constitutifs de tout bon gouvernement, parcequ'il n'est point en la puissance des hommes de changer les conséquences d'un principe, parcequ'enfin le pouvoir légal dans les mains de ceux qui ont déjà la force de leur côté constitue le véritable despotisme; et puisqu'on cherche à se prémunir contre le despotisme, c'est donc là qu'est le principal danger.

C'est à cause de ce danger que, dans un gouvernement mixte, la difficulté de son organisation vient principalement de la difficulté d'assigner à la puissance démocratique de justes bornes. Il est évident que, si elle a la moindre prépondérance, elle en abusera; que ce sera le germe qui détruira promptement le gouvernement. Lui donner une puissance exactement proportionnelle à celle des autres puissances, est une chose impossible, et il serait plus impossible encore que ces proportions fussent le moindre espace de temps sans se rompre. Il n'y a donc d'autre moyen pour assurer l'existence et la marche du gouvernement, que d'organiser la puissance démocratique de manière qu'elle puisse être contenue. Mais comment contenir la démocratie? et d'ailleurs quelle sera son influence dans le gouvernement? Il sera répondu sur ces divers points dans le paragraphe suivant.

Avant de continuer la discussion, examinons l'état de la question, et quelle voie nous avons à suivre pour la résoudre.

Notre premier paragraphe explique que le prince doit avoir la prépondérance dans le gouvernement; que cependant la théorie, par les luttes qu'elle établit entre les trois puissances législatives livrées à leurs propres forces, conduit au triomphe et à la prépondérance de la démocratie; et qu'en conséquence il est nécessaire que la théorie dans son application soit modifiée de telle sorte que le trône puisse conserver sa prépondérance naturelle.

Le deuxième paragraphe enseigne d'ailleurs que, dans le système où le parlement dirigerait le ministère sauf l'interposition de l'autorité prépondérante du prince, quand il serait besoin, pour faire cesser les luttes entre le parlement et le ministère, et rétablir la marche du gouvernement, la prépondérance ne resterait que passagèrement entre les mains du prince; qu'elle irait se fixer dans celles de la démocratie, et qu'en définitive ce système rentrerait dans le cercle de la théorie simple.

C'est donc par d'autres combinaisons qu'il faut chercher à satisfaire aux modifications qu'exige la théorie; mais, pour ne point nous égarer, marquons bien d'abord le but de nos recherches.

Le trône, avons-nous dit, doit prédominer; dès lors le parlement doit seulement limiter son autorité, la circonvenir dans ses écarts; ainsi le point de la question est de limiter par le parlement l'autorité du prince.

Mais le parlement, dans son organisation selon les principes de la théorie, et dans son mode d'action, soit d'après ces principes, soit d'après le système dont nous venons de parler, au lieu de limiter simplement l'autorité du prince, de circonvenir sa prépondérance, la lui arrache pour la faire passer à la démocratie et dénaturer le gouvernement.

Alors il est nécessaire de modifier l'organisation et le mode d'action du parlement, et c'est là seulement que nous avons à chercher les nouvelles combinaisons à établir pour assurer au trône sa prépondérance et la limiter sans la détruire ni dénaturer le gouvernement.

Cette seconde modification de la théorie n'est au surplus qu'une conséquence de la première, du moment où l'on rompt l'équilibre de la théorie pour laisser au trône la prépondérance; les autres puissances doivent nécessairement subir des modifications pour se mettre en harmonie avec cette prépondérance, et reprendre leur assiette dans le nouvel ordre de choses.

§ 3.

MODIFICATIONS QUE DOIT SUBIR LA THÉORIE DU GOUVERNEMENT REPRÉSENTATIF DANS L'ORGANISATION DU PARLEMENT, ET LE MODE D'ACTION DE LA PUISSANCE PARLEMENTAIRE POUR LAISSER AU PRINCE SA PRÉPONDÉRANCE NATURELLE, LA LIMITER, ET ASSURER LE JEU DU GOUVERNEMENT REPRÉSENTATIF.

Revenons au gouvernement d'Angleterre. Il est le père de tous les gouvernements représentatifs; il compte plusieurs siècles d'expérience; c'est à son école qu'il faut aller puiser, soit pour les principes à consacrer, soit pour les écueils à éviter.

Dans les deux paragraphes précédents, nous avons envisagé l'histoire du gouvernement d'Angleterre, antérieure à la révolution de 1688, sous le rapport des guerres qui existèrent entre le trône et le parlement, et encore sous

13

le rapport de l'empire que la démocratie s'est arrogé sur
le trône; nous allons maintenant porter nos regards sur
le politique que le gouvernement, depuis la révolution,
a suivie avec le parlement. Cette politique nous servira de
guide, non dans ses moyens, mais dans sa fin.

L'histoire d'Angleterre postérieure à la révolution ne
présente plus aucune de ces grandes commotions politiques qui avaient déchiré la nation dans les temps anté-
rieurs.

Plusieurs auteurs nous en expliquent les causes; je vais
citer M. Playfair.

« Après la révolution de 88 jusqu'à 1714, dit M. Playfair,
» à l'aide d'un peu de corruption, tout se passa assez
» tranquillement entre le trône et le parlement ;

» Et depuis 1714 l'on a réduit en système l'art d'as-
» surer au gouvernement une majorité dans le parle-
» ment, soit par des moyens d'influence, soit en achetant
» son appui (1).

» Il n'était pas extraordinaire que, dans les dîners par-
» lementaires donnés par le président, chaque convive
» trouvât sous son assiette un billet de banque d'une
» certaine valeur. »

L'on sait d'ailleurs que M. Walpole se vantait d'avoir
en portefeuille le tarif de la majorité élective.

Quoi, dira-t-on, le prince Guillaume, qui avait reçu
la couronne des mains des Anglais, qui était l'homme de
leur choix, ne put avoir la majorité parlementaire qu'en
l'achetant !

_____

(1) L'auteur n'entend toutefois parler que de la chambre des communes.

La reine Anne, qui, par la douceur de son gouvernement, fut appelée la bonne reine, et dont les succès contre
Louis XIV firent rejaillir tant de gloire sur la nation,
fut aussi obligée de suivre les mêmes voies.

George Ier, George II, et George III, qui élevèrent
l'Angleterre à un si haut degré de grandeur, de prospérité et de gloire, ne purent également faire le bonheur
de la nation qu'en tariffant le parlement.

Il est donc impossible, quelque chose que fasse le
prince pour le bonheur des peuples, qu'il s'attache
le parlement ; et le gouvernement représentatif, qui ne
montre dans ses annales que le despotisme, la guerre ou
la corruption, est donc un gouvernement à proscrire ?

Loin de là, le gouvernement représentatif doit être
établi partout, parcequ'il est le meilleur gouvernement ;
mais il présente des dangers qu'il faut écarter.

Nous avons remarqué que depuis 88 l'accord a régné
entre le trône et le parlement, et qu'il n'y avait dans le
gouvernement d'autres vices que les moyens employés
pour le faire marcher. Ces vices peuvent être prévenus ;
examinons-en les causes.

L'on connaît le respect religieux des Anglais pour toutes prérogatives, tous droits consacrés par le temps :
c'est le meilleur appui, le fondement de l'autorité de leur
constitution ; mais chaque chose a son mauvais côté.

Le cens, qui avait été fixé sous Henri VI, c'est-à-dire
au commencement du quinzième siècle, à 40 schellings,
pour avoir droit de suffrage dans les élections, est encore
le même aujourd'hui.

La masse du numéraire ayant considérablement aug-

menté depuis lors, la partie démocratique de la constitution anglaise se trouve avoir subi les mêmes changements,
s'être élargie dans la même proportion, sauf quelque modification qu'elle éprouve d'ailleurs.

Si, du temps de Henri VI, le revenu que supposait le
cens de 40 schellings représentait une certaine fortune,
et ne se trouvait que dans les mains d'un petit nombre
de citoyens; aujourd'hui il en est peu qui, placés au-
dessus de la dernière classe, ne puissent justifier de ce
revenu.

Les élections sont ainsi devenues trop populaires et
menaçantes pour la nation; et le gouvernement anglais
déploie toutes ses manœuvres dans les élections et la
chambre élective, non pour agir contre les intérêts des
peuples, détruire les libertés nationales, et établir le despotisme du prince, les fastes de l'Angleterre le prouvent;
mais pour empêcher qu'il puisse arriver ou se former dans
la chambre des communes une majorité démocratique,
et ne point tomber sous l'empire de la démocratie.

C'est là l'écueil qu'il faut éviter dans tout gouvernement représentatif, en resserrant plus qu'elle ne l'est en
Angleterre la partie démocratique de la constitution. Cet
écueil nous l'avons déjà signalé plusieurs fois; mais nous
le retrouvons ici comme une vérité pratique qui doit servir
de régulateur. Cet écueil est celui de la théorie, puisqu'elle appelle la démocratie exclusivement à la chambre
des communes; et c'est sous ce rapport, dans cette partie
seulement, que l'organisation du parlement, pour être mise
en harmonie avec la prépondérance royale, doit être modifiée comme on l'expliquera tout à l'heure.

Une fois que le gouvernement anglais est parvenu à échapper au danger de la puissance démocratique, et à la resserrer dans la minorité, il cherche, par la sagesse de ses plans, à s'attacher la majorité parlementaire, pour marcher de concert dans la ligne des intérêts nationaux; en un mot, la politique anglaise a pour principe constant de contenir la démocratie, et d'établir l'union entre le gouvernement et la majorité du parlement.

Telle est la politique à suivre dans tout gouvernement représentatif pour associer le parlement au gouvernement, assurer dans l'intérêt national leur marche de concert, et prévenir ou surmonter les difficultés et les dangers que ces gouvernements peuvent faire naître.

Mais comment contenir la démocratie dans la minorité, sans employer, comme en Angleterre, ces voies corruptrices qui ne sauraient être trop proscrites?

D'ailleurs, quelle est cette majorité avec laquelle le gouvernement doit s'unir?

Comment se fera cette union?

Comment le trône conservera-t-il sa prépondérance, et la majorité son indépendance?

Comment, enfin, la majorité pourra-t-elle prévenir les écarts du gouvernement, limiter l'autorité du prince, et assurer le jeu du gouvernement représentatif.

La majorité avec laquelle le gouvernement doit s'unir doit être monarchique. Cherchons d'abord cette majorité, puis à compléter les modifications qu'elle nécessite dans l'organisation du parlement, et nous pourrons ensuite résoudre sans peine toutes les questions que nous venons de poser.

Dans un vaste empire, où le gouvernement royal, pendant treize siècles, a su se maintenir, et porter la nation au plus haut degré de civilisation, de bonheur et de gloire, où la démocratie voit chaque jour ses richesses et sa puissance s'accroître par son industrie, le commerce et les arts, il n'est pas possible de penser que l'aristocratie puisse jamais dominer le trône et le peuple. Dès lors l'intérêt de l'aristocratie la rattache au trône, la rend forcément monarchique, car elle trouve sous la prépondérance royale une influence qu'elle perdrait, du moins en partie, si c'était la démocratie qui prédominât. La majorité de la chambre aristocratique sera donc essentiellement monarchique.

Quant à la chambre élective, l'on pourra facilement et sans corruption en rendre la majorité monarchique. Pour découvrir les moyens d'atteindre ce but, arrêtons-nous un peu sur l'aristocratie.

La chambre haute est une aristocratie privilégiée, séparée, et formant seulement une fraction de l'aristocratie naturelle qui existe dans la nation. L'aristocratie naturelle a pour base les prééminences de fait que créent les richesses, sauf l'éclat qu'elle peut ensuite recevoir par l'illustration personnelle ou l'illustration de famille. Cette aristocratie naturelle ou de fortune exerce toujours dans la nation une grande influence que la politique ne peut perdre de vue, parcequ'elle forme l'un des meilleurs éléments du gouvernement. La politique doit faire ses efforts pour unir, identifier cette influence au gouvernement, la faire agir près le trône et sur le peuple, comme puissance intermédiaire qui concourt efficacement à garantir toutes les libertés et prérogatives nationales, ainsi que l'ordre et la tranquillité publique. Toutefois, dans l'aristocratie de fortune il faut distinguer les intérêts du commerce et de l'industrie, que je désignerai sous le seul nom d'intérêts du commerce, des intérêts de la propriété : les premiers sont presque personnels ; ceux du sol s'identifient avec l'intérêt de la patrie ; les intérêts du commerce sont journaliers, mobiles ; ceux de la propriété sont permanents. La politique, dont la permanence est l'une des premières règles, en cherchant à unir l'influence aristocratique au gouvernement, doit donc s'attacher principalement à l'aristocratie territoriale, à la grande propriété. Pourquoi séparer la grande de la petite propriété, objectera-t-on sans doute, pourquoi distinguer leur influence ? La raison de cette distinction est frappante : la petite propriété appartient à la démocratie ; et confondre la grande et la petite propriété, ce serait aussi confondre l'aristocratie et la démocratie, leurs forces, leurs puissances respectives, toutes ces lignes distinctives qui servent de point de mire à la politique. Au reste, si la politique associe l'influence de la grande propriété au gouvernement, ce n'est pas qu'il lui soit permis de favoriser la grande propriété au détriment de la petite propriété, et de négliger les autres intérêts des peuples ; son premier devoir est, au contraire, de les protéger tous également : mais, pour remplir ce devoir, elle a besoin de faire prendre au gouvernement son aplomb, une assiette fixe ; et le gouvernement ne saurait trouver cette stabilité que sur la grande propriété.

Ces développements tracent le cercle dans lequel nous avons à nous renfermer.

Si déjà la politique signale la puissance aristocratique comme devant être unie au gouvernement, et former son point d'appui, si d'ailleurs l'aristocratie, qui ne possède guère qu'une puissance d'influence, est par sa position forcément monarchique, selon que nous l'avons expliqué; pour assurer à la chambre élective une majorité monarchique, l'on aura seulement à combiner une loi électorale de telle sorte que l'aristocratie ou la grande propriété ait la majorité. La députation de cette majorité à la chambre des communes, en d'autres termes la majorité de la chambre élective, sera nécessairement monarchique suivant son origine.

Alors, la majorité de la chambre haute et celle des communes pourront aisément s'unir pour ne plus former qu'une seule majorité parlementaire monarchique.

Les modifications que nécessitera cette majorité dans l'organisation du parlement seront ensuite complétées en attribuant la minorité électorale à la petite propriété ou la démocratie; sauf pourtant à comprendre dans les classifications dont nous venons de parler, mais sur une échelle secondaire qui ne pourra en changer le fond, les intérêts du haut et du petit commerce, et les autres intérêts de la nation, qui doivent tous être représentés et défendus dans un gouvernement représentatif.

Ainsi, le parlement, au lieu d'ouvrir, tel que le prescrit la théorie, l'une de ses chambres à la démocratie exclusivement, et l'autre chambre à l'aristocratie, présentera dans sa nouvelle organisation une minorité démocratique et une seule majorité monarchique.

Il semble, au premier aperçu, que donner la majorité à

l'aristocratie, dont les intérêts particuliers se lient à ceux du trône, ce soit attribuer le pouvoir à des intérêts communs qui l'exploiteront à leur bénéfice, et non dans l'intérêt national. Cependant, répondra-t-on, l'aristocratie représentant la grande propriété, l'intérêt de l'aristocratie ou de la grande propriété s'unit avec celui de la petite propriété, et, sous ce rapport, l'intérêt de l'aristocratie se confond dans l'intérêt national. Si, pour jouir de plus d'influence, pour exercer le pouvoir et en recueillir les avantages, l'aristocratie se fait l'auxiliaire du trône, il n'y a pas là de danger à redouter. D'abord parcequ'il est de l'intérêt du prince d'avoir l'aristocratie pour auxiliaire, et par conséquent l'aristocratie n'aura point à acheter le pouvoir par des sacrifices qui blesseraient les intérêts de la nation ; et ensuite parceque le pouvoir est mieux placé, pour l'intérêt national, dans les mains de l'aristocratie que dans celles de la démocratie. Cette vérité, déjà développée précédemment, le sera de nouveau dans la suite de ce chapitre.

L'on pourrait encore penser « qu'il n'est pas nécessaire » d'instituer deux assemblées législatives, si le jeu du » gouvernement représentatif exige qu'il n'y ait qu'une majorité parlementaire, et qu'il serait plus simple et plus » conséquent dans ce système, de s'en tenir à la chambre » haute, à la chambre aristocratique, sans s'occuper de la » démocratie. »

Mais dans un gouvernement représentatif, tous les intérêts devant être représentés, ce n'est qu'à la chambre des communes que cette représentation peut avoir lieu; d'une autre part, si la puissance parlementaire se concentre dans une seule majorité, la minorité de la chambre élective

n'est cependant point sans exercer une grande influence
dans le gouvernement, comme nous le reconnaîtrons tout
à l'heure, influence qui ne saurait plus se produire au sein
d'une seule chambre aristocratique. Enfin, bien que les
deux majorités du parlement s'unissent pour n'en former
qu'une seule, cette majorité complexe ne peut être com-
parée à la majorité d'une seule chambre, parceque, 1° les
deux chambres n'ayant pas la même origine ni la même assiette, et ne jouissant pas des mêmes prérogatives, seront
toujours distinguées par un esprit de corps qui nuancera
beaucoup leur influence et l'exercice de leur puissance;
2° les chambres, agissant séparément, se contrôleront, se
réviseront respectivement; 3° et parceque la majorité parlementaire, qui aura derrière elle pour tempérer son action
deux puissances différentes, ne sera pas autant exposée
que la majorité d'une seule chambre à agir avec précipitation, à se laisser dominer par un esprit de corps, à se
laisser entraîner au-delà de ses attributions.

Tous ces préliminaires établis, et les choses ordonnées
pour produire une majorité parlementaire monarchique,
une majorité qui partage les principes du trône, il sera facile au gouvernement de s'unir avec cette majorité, de se
l'attacher par la sagesse de ses mesures et de ses plans,
par le lien de l'intérêt national, pour marcher de concert.

Cette union ne fera perdre ni au trône sa prépondérance naturelle et nécessaire pour diriger le gouvernement, ni à la majorité son indépendance pour limiter
l'autorité du prince et défendre les intérêts nationaux.

En effet, le prince conservera sa prépondérance, parcequ'une majorité monarchique trop faible pour le subjuguer sera, par son impuissance même, maintenue dans ses attributions parlementaires, et que d'ailleurs, si, par excès d'ambition, elle prétendait abuser du pouvoir législatif pour faire tomber le prince sous sa dépendance, lui faire la loi et régner sous son nom, le prince trouverait infailliblement dans la démocratie un auxiliaire tout prêt pour renverser cette majorité usurpatrice.

De son côté, une majorité monarchique sera garantie dans son indépendance par le pouvoir législatif qu'elle aura en main, et l'appui que lui prêterait aussi la démocratie dans le cas où le prince voudrait forcer la majorité pour régner seul, détruire les libertés et prérogatives nationales, et marcher à la tyrannie. Le peuple sera toujours disposé à agrandir son influence politique, surtout lorsqu'il s'agira de la défense des intérêts nationaux.

L'on remarque que l'avantage de ces combinaisons ressort de l'impuissance de l'aristocratie pour dominer le trône, et de la puissance prépondérante de la démocratie, tenue en réserve pour servir de rempart à celui des deux autres pouvoirs qui serait menacé dans sa position constitutionnelle. J'ajouterai que le despotisme que la théorie du gouvernement représentatif cherche à prévenir par les résistances limitatives des trois pouvoirs, et qu'il lui est pourtant impossible d'éviter, puisqu'en faisant agir respectivement les unes sur les autres trois puissances inégales en force, et dont une seule, la démocratie, l'emporte sur les deux autres réunies, elle prépare le triomphe et le despotisme de la démocratie, ne peut être réellement empêché que dans cet ordre de choses où la démocratie, contenue légalement par la majorité, et par conséquent dans l'impuissance de dominer, ouvre à chacun des deux autres pouvoirs qui aurait à craindre d'être forcé dans ses prérogatives politiques, un refuge pour les défendre, ou plutôt prévient, par son aspect seul et les dangers qu'il y aurait, pour l'assaillant comme pour l'assailli, dans ce recours à la démocratie, tous envahissements, toutes prétentions despotiques de la part du trône sur la majorité ou de la majorité sur le trône, et les oblige de s'accorder; sauf d'ailleurs la puissance morale qu'exerce directement la démocratie sur ces deux pouvoirs, comme on le verra dans un instant, pour les contenir à son égard dans de justes bornes, et se préserver de leur despotisme commun.

Venons actuellement au mode d'action soit journalier, soit extraordinaire, de la puissance parlementaire pour prévenir les écarts du gouvernement, limiter l'autorité du prince, et assurer le jeu du gouvernement représentatif.

Lorsque le parlement, dans sa nouvelle organisation, présentera une majorité monarchique et une minorité démocratique, minorité qui devra être assez forte pour exercer avec plus d'efficacité la puissance d'influence dont nous allons parler, l'action du parlement contre le gouvernement se produira par une double résistance.

L'une permanente, mais toute morale : ce sera la résistance de la minorité ;

Et l'autre de fait, mais non permanente : cette résistance sera celle de la majorité.

La résistance, ou l'action morale du parlement, trouvera toute sa puissance dans le langage de la vérité, de la raison, de l'intérêt national. Des hommes de talent, instruits des besoins des peuples, et chargés par eux d'exposer ces besoins devant le trône, et de soutenir d'ailleurs leurs intérêts dans la discussion des lois, exerceront, du haut de la tribune nationale, et à l'avantage des peuples, une puissance qui agira tout à la fois

Sur le trône,

Sur la majorité,

Et sur les peuples eux-mêmes.

Le trône, dont le premier intérêt se rattache à la félicité publique, recevra, de la tribune nationale, l'influence salutaire qu'il cherche et dont il a besoin.

La majorité, qui marche avec le trône, n'étant pas toujours à portée de bien reconnaître les fausses routes dans lesquelles il peut s'engager, ne recueillera pas moins d'avantages que le trône lui-même des lumières de la minorité ou de l'opposition.

Enfin, les lumières de l'opposition, par leur influence sur l'esprit des peuples, créeront ou agrandiront la puissance de l'opinion, qui réagira à son tour sur le gouvernement, de manière que l'opposition, quand elle ne sera pas seulement systématique, quand elle ne quittera point le terrain national pour s'égarer dans de vaines controverses, exercera sur le gouvernement non seulement l'influence de sa propre puissance, mais encore l'influence de la puissance de l'opinion (1).

Combien cette simple résistance morale du parlement

---

(1) J'établis au 12e chapitre que l'opinion du jour ne doit point entraîner le gouvernement, parceque cette opinion est rarement saine. Cette assertion

l'emporte sur la résistance de nos anciens parlements.

Leurs remontrances portaient le plus souvent à faux, parcequ'elles n'étaient point assez éclairées. Les parlements n'étaient pas en position de juger les besoins et les mesures du gouvernement, de connaître non plus les besoins et les vœux des peuples.

Les remontrances de l'opposition parlementaire sont mieux inspirées. Le parlement, en relation directe avec le gouvernement et les peuples, peut apprécier leur position, leurs besoins respectifs, et les mesures qui doivent être adoptées.

Les remontrances des anciens parlements portaient encore à faux, en s'appliquant à des lois toutes faites. Il est beau sans doute de revenir sur une fausse démarche, mais rarement les princes en ont le courage; et d'ailleurs la politique exigeait peut-être qu'ils missent beaucoup de circonspection en pareille occurrence, pour ne point

---

semble être en contradiction avec l'influence d'opinion dont je parle ; mais cette contradiction n'est qu'apparente.

Oui, le gouvernement ne doit point se laisser entraîner par l'opinion du jour, puisqu'elle n'est point assez éclairée pour le guider. Mais cette opinion, quelle quelle soit, est une puissance qui exerce un grand empire, ce que le gouvernement ne saurait mépriser.

S'il marche dans l'intérêt national, il n'a point à craindre cette puissance, bien qu'il puisse être d'abord en opposition avec l'opinion du jour, parceque plus tard l'opinion, mieux éclairée, lui fera justice et deviendra son auxiliaire.

Mais, s'il voulait quitter la voie nationale pour s'engager dans de fausses routes, se livrer à des intérêts spéciaux, il aurait à redouter l'éloignement, le mécontentement progressif de l'opinion, et tous les effets de sa puissance. C'est alors que l'opposition, en parlant le langage de l'intérêt national, en devenant tout à la fois le flambeau et le point d'appui, ou plutôt l'âme de l'opinion, se trouverait exercer sur le gouvernement toute l'influence de la puissance de l'opinion.

détruire, par des actes trop irréfléchis, la confiance publique dans leur gouvernement.

Les remontrances de l'opposition parlementaire ont plus d'à-propos, puisqu'elles frappent sur de simples projets de loi que le gouvernement soumet aux lumières de la discussion pour être consacrés ou réformés, suivant l'issue des débats. Non seulement le gouvernement n'est pas compromis en revenant sur ses pas, mais de pareilles démarches ne peuvent que lui assurer davantage la confiance publique.

Enfin, les remontrances des anciens parlements, mal étayées, hasardées et craintives, agissaient peu sur l'esprit des peuples, et étaient considérées par le gouvernement comme de simples sermons qu'il fallait endurer.

Les remontrances de l'opposition parlementaire, mieux assises, plus fermes, plus véhémentes, doivent nécessairement avoir plus d'efficacité, surtout par leur influence sur l'esprit des peuples, qui réagit à son tour sur le gouvernement, comme on vient de l'expliquer.

Cette puissance qu'exercera l'opposition parlementaire, cette résistance morale, suffira pour la marche ordinaire du gouvernement; car, dans son régime journalier, le gouvernement ne cherche qu'à s'éclairer davantage, ne cherche que la contre-épreuve de ses plans, pour en assurer le succès.

Mais des ministres peuvent se laisser entraîner dans de fausses mesures, et s'égarer dans leur route.

Le prince lui-même peut être dominé par la passion, et la faire peser sur son gouvernement. Il peut, indifférent aux besoins et aux vœux des peuples, méconnaître l'intérêt national, chercher à établir le règne d'une volonté mal inspirée et mal réglée, le règne de la tyrannie.

Dans ces cas, la résistance de l'opposition, le simple langage de la raison, de l'intérêt national, serait insuffisant, les libertés publiques, les prérogatives, et tous les intérêts de la nation seraient menacés et pourraient être compromis. C'est alors qu'une résistance de fait devient nécessaire pour arrêter le mal, et préserver la nation du danger.

Nous disions tout à l'heure que l'union du gouvernement avec la majorité devait se baser sur la sagesse de la politique du gouvernement, mais dès que cette politique portera le cachet de l'impéritie ou de la tyrannie, dès qu'elle menacera les intérêts nationaux, les liens de l'union entre le gouvernement et la majorité seront rompus ; cette majorité, placée entre le trône et la nation, se convertira en puissance résistante, et bientôt ;

Ou le ministère inhabile sera renversé, pour faire place à un autre ministère qui rétablira l'harmonie entre le trône et le parlement ;

Ou le prince trouvera dans la majorité, appuyée sur la démocratie, une résistance d'inertie qui le forcera à abandonner ses desseins anti-nationaux.

Ainsi le gouvernement, dans ses écarts, pourra être arrêté sans de grandes secousses et sans guerre, et sera ramené dans la voie nationale par la nécessité, la force des choses.

L'action du parlement, envisagée sous l'aspect de cette double résistance, paraît parfaitement adaptée aux rouages du gouvernement, aux besoins qui nécessitent les résistances et les mettent en jeu.

Une simple résistance de fait permanente, serait trop tracassière, elle entraverait sans cesse le gouvernement, le paralyserait dans ses moindres actions. Cette résistance, qui ne serait, au surplus, qu'une lutte continuelle de la majorité contre le gouvernement, établirait un état de guerre qui désorganiserait le gouvernement.

Avant la révolution de 1688, le gouvernement anglais, qui n'avait point encore la politique de se ménager la majorité parlementaire, fut sans cesse exposé à de pareilles luttes : aussi, jusqu'à cette époque, l'on vit toujours régner, soit la guerre entre le trône et le parlement, soit le despotisme du trône ou du parlement, selon les chances de la guerre.

La double résistance, disposée comme nous l'avons expliqué, n'a point ce caractère d'hostilité; elle est plus douce et peut seule s'identifier avec les vrais principes du gouvernement.

Toutes les combinaisons dont on vient de parler, leur économie salutaire, ne peuvent se produire, et nous en avons déjà fait la remarque, que sous l'influence d'une majorité monarchique, d'une majorité avec laquelle le trône puisse facilement s'unir, d'une majorité qui, impuissante pour dominer le trône et toute-puissante pour lui résister, est en position de maintenir la constitution de l'état dans son assiette, et de conserver tous les rouages de la machine politique sans les altérer.

D'après nos discussions précédentes, l'on juge qu'il en serait autrement avec une majorité démocratique. La démocratie, unissant à la force réelle qu'elle possède déjà le pouvoir législatif, ne se bornerait point, comme

14

une majorité monarchique, à opposer au trône une résistance d'inertie. L'on ne se tient là que faute de pouvoir faire mieux ; elle déploierait toute sa puissance pour subjuguer le trône et établir son despotisme (1).

Vainement le prince, faisant usage de sa prérogative, monarchiserait la majorité de la chambre haute ; vaine-

---

(1) En envisageant ce principe déjà cité plusieurs fois, que tous les hommes abusent du pouvoir en raison du défaut de barrières ou de la puissance qu'ils possèdent pour les renverser, principe qui, au surplus, sert de base au gouvernement représentatif, puisque toute sa théorie repose sur des résistances ;

En considérant aussi et la position de l'aristocratie, qui, toujours en face de la puissance jalouse et observatrice de la démocratie, est forcée, dans son propre intérêt, d'exercer le pouvoir avec une certaine modération, de s'appuyer sur un fonds de justice et d'équité qui peut seul lui conserver l'empire ;

Et la position de la démocratie qui, possédant la force, ne peut être contenue par aucune barrière, et, par conséquent, ne peut rencontrer aucune puissance modératrice dans l'exercice du pouvoir ;

Enfin, en observant que cette théorie est confirmée par l'histoire, qui nous montre à Rome, ainsi que dans les autres républiques anciennes, la prospérité du règne de l'aristocratie, et les calamités de celui de la démocratie ;

L'on est conduit à cette règle politique, que le pouvoir ne doit point être confié à la démocratie, ou plutôt qu'il faut éloigner le pouvoir de la force.

Mais ce principe est contesté.

« Il est contre nature, allègue-t-on, que la force obéisse ; elle » doit être investie du pouvoir, sauf à faire sortir de son sein » l'intelligence qui doit la diriger.

» Les excès de la démocratie, à Rome et ailleurs, sont dus aux

ment encore il casserait la chambre élective, si le fond de
la loi électorale au lieu d'être monarchique était démocratique, à une chambre populaire succéderait une chambre

---

» résistances coupables de l'aristocratie, qui, refusant le par-
» tage du pouvoir, engagea une lutte où elle devait succomber :
» l'aristocratie, en admettant le partage, aurait épargné ces luttes
» et leurs désordres.

   » Les peuples tendent naturellement au repos, ils n'en sortent
» que lorsqu'ils ne sont point satisfaits.

   » D'ailleurs, ajoute-t-on, déférer le pouvoir à l'aristocratie,
» c'est sacrifier les majorités aux minorités. »

« Il est contre nature, que la force obéisse; elle doit être in-
» vestie du pouvoir, sauf à faire sortir de son sein l'intelligence
» qui doit la diriger. »

   Il y a là, ce semble, une contraedition : dire que la force doit
être dirigée, c'est dire qu'elle doit être gouvernée, qu'elle ne
doit point tenir le sceptre, qu'il doit être éloigné de ses mains;
c'est, enfin, soutenir le principe que l'on veut contester.

   « Si à Rome l'aristocratie eût consenti au partage du pouvoir,
» elle aurait évité les luttes. »

   Ou l'aristocratie retenait le pouvoir, parcequ'elle le croyait
utile pour l'état,

   Ou bien elle le conservait par un sentiment d'intérêt personnel.

   Dans le premier cas, la démocratie agissait contre la nation en
arrachant le pouvoir des mains où l'intérêt national le fixait.

   Dans la seconde hypothèse, comme tous les hommes sont
faits de la même sorte, le sentiment qui portait l'aristocratie à
tout conserver, portait la démocratie à tout envahir; le partage
n'eût donc point évité les luttes. En pareille occurrence les deux
partis sont toujours à deux de jeu. Mais au milieu de ces préten-

plus populaire encore ; ce serait, comme on l'a dit élo-
quemment, le géant terrassé qui, touchant la terre dont il

---

tions diverses, l'intérêt national a aussi sa voix, et c'est cette voix
qu'il faut consulter.

« Tous les peuples tendent au repos, et ne s'agitent que lors-
» qu'ils ne sont point satisfaits. »

Oui ; mais, dans tous les pays du monde, le peuple est toujours dans une position peu heureuse, dans un état de gêne, de
malaise, il ne peut jamais être satisfait. Si au lieu d'être contenu
par le pouvoir il en est investi, il s'agitera sans cesse pour améliorer sa condition, et en même temps agitera l'état, produira
des révolutions.

« Déférer le pouvoir à l'aristocratie, c'est sacrifier les majorités
» aux minorités. »

Il ne faut point considérer les avantages attachés au pouvoir,
mais seulement ceux qui résultent pour la nation de l'exercice
du pouvoir, selon qu'il est placé dans telles ou telles mains.

Si ses effets sont salutaires dans les mains de l'aristocratie, et
désastreux quand il est placé dans les mains de la démocratie,
ainsi que l'enseigne la théorie et l'expérience, c'est le devoir
d'une bonne politique de confier le pouvoir à l'aristocratie, et
non pas sacrifier les majorités aux minorités.

L'on fait des objections plus spécieuses ; l'on prétend qu'il n'y
a aucun rapprochement à faire entre le gouvernement des républiques anciennes, particulièrement le gouvernement de la république romaine, et nos gouvernements représentatifs.

« A Rome, dit-on, les lois se faisaient sur la place publique ; et
» les intérêts, les passions des peuples mis en jeu et aux prises,
» devaient nécessairement entraîner à des excès funestes pour
» l'état.

» Dans nos gouvernements représentatifs, les peuples ne sont est né, se relève de son sein avec ses forces vitales toutes régénérées et redoublées.

» point appelés à faire les lois, mais seulement à choisir des re-
» présentants pour concourir à la confection des lois.

» A Rome tous les citoyens, quelque mince fortune qu'ils pos-
» sédassent, faisaient partie de l'assemblée nationale, et la démo-
» cratie présentait ainsi une puissance d'autant plus menaçante,
» que la majorité de cette démocratie était plus intéressée au ren-
» versement de l'ordre et aux troubles qu'au maintien du gou-
» vernement.

» Dans nos gouvernements représentatifs, la démocratie élec-
» torale fort limitée, possède, d'une part, une puissance moins
» formidable, et jouissant d'une fortune tout à la fois indépendante,
» mais seulement suffisante pour son existence et qu'elle pourrait
» perdre ou compromettre beaucoup à la première révolution, elle
» est particulièrement intéressée à les prévenir et à conserver l'or-
» dre dans l'état.

» A Rome la majorité faisait la loi, et lorsque la démocratie
» avait la majorité, la puissance adverse était légalement obligée
» de se soumettre.

» Dans nos gouvernements représentatifs, le prince devant
» sanctionner la loi, et pouvant toujours s'opposer par son veto
» absolu à celles qui empiéteraient sur ses droits, n'a point à
» craindre d'être victime d'une législation insensée, d'être envahi
» par la démocratie; l'initiative du prince détruit même l'appa-
» rence du danger.

» Enfin à Rome, comme dans toutes les autres républiques,
» c'était toujours un parti qui luttait contre l'autre pour le
» renverser.

» Dans nos gouvernements modernes, où l'autorité monarchi-
» que, par ses avantages pour les peuples, s'est constituée en

Entre le trône et le parlement il n'y aurait plus de marche de concert possible, et toutes ces combinaisons

---

» autorité nécessaire, où cette nécessité, surtout d'après les
» grandes leçons de la révolution française, est généra-
» lement sentie; la démocratie pourra toujours être contenue
» par l'autorité du prince : cette démocratie respectera néces-
» sairement un pouvoir qu'elle a intérêt de maintenir, qu'elle ne
» peut vouloir renverser.

» En conséquence, poursuit-on, les dangers que présentait
» à Rome la prépondérance démocratique, ne peuvent être à
» craindre dans nos gouvernements représentatifs, et la puissance
» de la démocratie électorale ne formera qu'une puissance de
» résistance contre les abus du gouvernement, une puissance de
» garantie pour toutes les libertés publiques. »

J'ai été frappé de ces objections, et sur le point de m'y rendre
entièrement.

Oui, me disais-je, il n'y a aucune similitude à établir entre la
démocratie électorale de nos gouvernements représentatifs et la
démocratie des anciennes républiques. La démocratie électorale
est la plus intéressée à l'ordre, puisqu'elle peut facilement perdre
ou compromettre tous ses moyens d'existence ; et, investie de la
prépondérance législative, elle sera le véritable palladium des
libertés publiques.

Mais je me suis ensuite demandé si la démocratie électorale
pouvait être considérée comme une classe à part. Il m'a semblé,
au contraire, que les électeurs de la petite propriété n'étaient que
les chefs, les organes du peuple, qu'ils y tenaient en tous sens; que,
liés d'intérêt, d'amitié et de parenté avec toutes les classes du
peuple, ils s'identifiaient avec elles, y ravivaient leurs opinions,
y prenaient les racines de leur puissance, et que la prépondérance de la démocratie électorale se rapprocherait beaucoup de la
prépondérance populaire.

ménagées pour tempérer l'autorité suprême et en prévenir les écarts seraient incontinent détruites.

Dès lors la question a changé d'aspect : la démocratie électorale m'a paru trop puissante ; il m'a semblé nécessaire de rentrer dans le principe qui prescrit d'éloigner le pouvoir de la force.

« La démocratie électorale, allègue-t-on, n'est point appelée à » instituer la loi. »

Oui, mais elle la dictera à ceux qui seront chargés de la faire.

« La démocratie électorale est intéressée à l'ordre. »

Oui, mais elle est aussi intéressée à envahir le pouvoir. D'ailleurs, en s'emparant du gouvernement, elle croira agir dans l'intérêt national comme dans son propre intérêt. Quel est l'orateur qui se chargera de persuader que, pour ses propres affaires, il vaut mieux s'en rapporter à ses adversaires qu'à soi-même? La démocratie, ayant la puissance de saisir le gouvernail de l'état, s'en emparerait infailliblement.

« Le prince, par son veto, pourra toujours barrer une législa- » tion qui empiéterait sur ses droits, écarter le danger, et même, » par son initiative, prévenir les occasions du danger. »

Qu'est-ce qu'un veto dans les mains de la puissance la plus faible, surtout quand cette puissance est forcée d'aller puiser à la bourse placée dans les mains du plus fort ?

L'initiative ne formera pas une meilleure garantie.

Si l'initiative était attribuée au parlement, elle lui assurerait un avantage qu'elle ne produit point dans les mains du prince.

Les deux chambres, discutant et établissant dans leur sein les lois qu'elles jugeraient utiles au pays, sauf la sanction royale, placeraient le prince dans une position un peu fausse. Il ne pourrait fréquemment faire usage de son veto ; car, en s'opposant à des lois que le parlement aurait jugées nécessaires dans l'intérêt national, il paraîtrait agir contre la nation. Pour ne point compro-

Ce n'est donc, comme l'exprime déjà la note ci-dessous, qu'en face d'une majorité monarchique, ou sous l'exercice

---

mettre son autorité, il laisserait tomber en désuétude l'usage du veto, et en définitive ce serait le parlement qui régnerait.

L'initiative dans les mains du prince prévient ce danger, met la sanction royale à l'abri d'atteintes directes de la part du parlement; mais elle n'ajoute rien à la puissance du trône, et ne saurait non plus garantir son autorité des attaques sourdes par lesquelles une majorité démocratique pourrait la miner, même la détruire. En effet, une pareille majorité, en développant ses principes, en paraissant soutenir les intérêts des peuples, trouverait facilement des motifs plausibles pour frapper de son veto toutes les lois, quelles qu'elles soient, qui auraient été soumises à la discussion parlementaire. Il lui serait encore facile, par ses discours, d'associer les peuples à un veto qui déjà se recommande de lui-même à titre de défenseur des intérêts nationaux; qui déjà flatte et séduit les peuples, et se présente à eux comme principe d'union avec le parlement, comme l'arche d'alliance, vis-à-vis d'une majorité qui se serait placée dans cette position; l'initiative et la sanction elle-même seraient dans les mains du prince des armes inutiles, et pour obtenir la levée du veto il faudrait que le prince subît les conditions de cette majorité, c'est-à-dire que la majorité parlementaire tiendrait le trône sous sa dépendance.

« La démocratie est intéressée à maintenir le trône, elle ne peut vouloir le renverser. »

Oui; et je passe sur les dangers que le trône pourrait néanmoins courir en face de la prépondérance démocratique.

Mais alors il s'agit de savoir :

Si le trône doit être puissance résistante, ou bien si c'est le parlement qui doit lui résister ;

Si la puissance d'impulsion pour le gouvernement doit partir d'en bas ou d'en haut.

de sa puissance; que le trône peut conserver sa prépondérance naturelle; que cette prépondérance peut être li-

Comme le gouvernement populaire est le pire des gouvernements, il est clair que faire prendre au gouvernement une direction populaire, c'est lui donner une fausse direction.

Au reste, toute la difficulté est dans cette question :

La démocratie électorale se bornera-t-elle à opposer au trône
une puissance d'inertie ; se bornera-t-elle à présenter un rempart
aux abus du pouvoir, sans s'emparer du gouvernement ?

Si l'on peut résoudre la question affirmativement, la démocratie
électorale doit être investie de la puissance législative.

Mais comment résoudre cette question affirmativement ? Tous
les hommes n'ont-ils pas soif du pouvoir ? Toute puissance ne
tend-elle point à s'agrandir, à étendre son empire ? Et prétendre
que la démocratie électorale restera puissance d'inertie, ne se
laissera point entraîner à la pente du pouvoir, n'est-ce pas prétendre que l'eau dans le milieu de sa pente s'arrêtera tout-à-coup,
et cessera de couler ?

Il paraît évident, par toutes les considérations développées dans
cette note et le chapitre, qu'une majorité démocratique passerait
du rôle de puissance résistante à celui de puissance dominatrice,
bouleverserait l'ordre constitutionnel, et détruirait l'autorité du
prince pour établir un gouvernement plus ou moins populaire;
qu'il n'y a qu'une majorité monarchique qui puisse présenter au
trône une puissance d'inertie capable de le contenir sans pouvoir
changer de rôle et le dominer ; qui puisse assurer le jeu du gouvernement représentatif, limiter l'autorité du prince, et maintenir
dans leur assiette la constitution de l'état et tous les rouages du
gouvernement; qui puisse, enfin, résoudre les difficultés que fait
naître la théorie du gouvernement représentatif, prévenir ses dangers, et rendre le gouvernement représentatif le plus parfait des
gouvernements.

mitée, circonvenue dans ses écarts, sans passer sous le joug de la puissance qui lui résiste et la borne ; que peut se produire et être assuré le jeu du gouvernement représentatif ; enfin, que peuvent être surmontés ou prévenus les difficultés et les dangers qu'il présente.

Pourtant il est un danger grave que nous n'avons point encore examiné.

Une majorité monarchique, alléguera-t-on, aura toujours, soit par elle-même, soit par l'appui qu'elle trouvera dans la démocratie, une puissance suffisante pour résister au gouvernement et l'arrêter dans ses écarts ; mais en aura-t-elle toujours la volonté ? Et si le trône parvient à la gagner, à la rendre servile, ne pourra-t-il pas, sous le manteau des lois, régner selon son bon plaisir, établir la plus odieuse tyrannie ?

Cette hypothèse de servilité et de trahison, possible à la rigueur, n'est pas du moins vraisemblable : que gagnerait-on à vendre son pays, son honneur et sa liberté ? Quand le gouvernement anglais fait usage de son tarif, ce n'est point, comme nous l'avons déjà remarqué, pour détruire les libertés de la nation et ruiner ses intérêts, mais pour la préserver des dangers de la démocratie. « La » majorité parlementaire, dit M. Playfair, ne soutiendrait » pas une mesure qui serait réellement contraire aux in- » térêts nationaux. »

Toutefois, si le trône parvenait à s'asservir une majorité monarchique, il pourrait également corrompre une majorité démocratique. Et l'hypothèse dont s'agit n'est point un argument contre une majorité monarchique qui reste forte de tous les avantages qui ont été signalés.

« Dira-t-on qu'il serait préférable d'abandonner ce système d'union entre le trône et la majorité, union qui place la majorité dans une position trop commode pour se prêter à des complaisances, et de rentrer dans la théorie des résistances entre le trône, la chambre aristocratique et une chambre démocratique, parcequ'alors la corruption serait moins praticable? »

Mais nous avons reconnu que ces résistances étaient une véritable guerre qui conduisait nécessairement au triomphe de la démocratie. Or, pour échapper à un danger invraisemblable, est-il sage de s'exposer à un danger imminent?

Au surplus le paragraphe suivant fera connaître les résistances qui doivent, indépendamment de celles des chambres, contenir l'autorité du trône et prévenir son despotisme.

Une dernière réflexion complétera ce paragraphe.

Du moment

Où la théorie du gouvernement représentatif doit être modifiée dans son application;

Où la chambre des communes, dans sa composition démocratique, aurait trop de puissance pour rester dans sa sphère et ne point envahir les autres pouvoirs;

Où la chambre haute est trop faible pour remplir le rôle de médiatrice qui lui paraît attribué par la théorie;

Où l'équilibre entre les trois puissances législatives n'est pas possible;

Où il est indispensable d'assurer au trône la prépondérance nécessaire pour faire marcher le gouvernement;

Où cette marche ne peut d'ailleurs avoir lieu que par

l'accord du gouvernement et de la majorité parlementaire;

Où cette majorité, bien qu'elle ait ses racines dans les deux chambres du parlement, doit être considérée comme ne formant en dehors des chambres qu'une seule puissance placée entre le trône et le peuple pour jouer le rôle qui semblait destiné à la chambre haute;

Où la majorité parlementaire doit avoir la puissance de résister au trône sans pouvoir le dominer, de contenir d'ailleurs la démocratie, et de garantir toutes les libertés publiques;

Du moment, enfin, où cette majorité, pour remplir toutes ces conditions, doit prendre son assiette sur la grande propriété,

Il paraît indispensable que la grande propriété soit mise en harmonie avec la part qui lui est donnée dans le gouvernement. Car si le cercle de la grande propriété se trouvait trop resserré, l'influence aristocratique disparaîtrait, et avec elle toutes les combinaisons que nous avons développées.

Ou plutôt, en considérant le gouvernement représentatif dans son essence, et sans avoir égard au système que nous venons d'exposer,

Dès que le gouvernement représentatif est mis en rapport avec une partie de la propriété, et que l'influence de la propriété sur le gouvernement est établie dans certaine proportion,

Il devient nécessaire, aussitôt que le juste terme de cette proportion est trouvé, et ce juste terme représente la perfection du gouvernement; il devient, dis-je, nécessaire, ou que la partie de la propriété avec laquelle le gouvernement est mis en harmonie reste à peu près la même, ou, lorsqu'elle aura été changée, que le gouvernement change aussi sa constitution, parceque la perfection du gouvernement, ou le juste terme de proportion dont nous venons de parler, exige que les puissances formant les deux extrêmes de la proportion restent les mêmes, ou qu'elles subissent un pareil changement. Changer l'une de ces puissances sans l'autre c'est dénaturer, détruire le gouvernement.

J'envisage ici ce principe seulement sous le rapport théorique, et pour ne point passer sous silence une conséquence du gouvernement représentatif, qui ferait une lacune dans la manière dont je le conçois.

Cependant, si cette lacune pour être remplie exigeait un ordre de choses qui s'adapterait plus particulièrement à des intérêts spéciaux qu'à l'intérêt national, il faudrait nécessairement abandonner le principe théorique pour ne s'attacher qu'à l'intérêt national.

§ 4.

RÉSISTANCES DESTINÉES, EN OUTRE DE CELLES DES CHAMBRES, A CONTENIR LE TRÔNE ET A PRÉVENIR SON DESPOTISME.

Avant de parler des barrières spéciales du pouvoir, des barrières d'institution humaine, je vais montrer la barrière naturelle que forment partout contre le pouvoir, le génie, le caractère et les besoins réels des peuples, en plaçant les jalons et en traçant la route que le pouvoir doit suivre, et dont il ne saurait s'écarter sans dangers. Je vais faire voir que le règne du bon plaisir, qu'on semble redouter dans le

cas où le prince parviendrait à s'asservir la majorité parlementaire, ne saurait s'introduire nulle part; qu'il n'a jamais existé, et qu'il faut toujours que le gouvernement se
ploie aux besoins des lieux et des temps.

Oui, le règne du bon plaisir n'a jamais existé, pas même
en Asie. Là, comme ailleurs, le gouvernement est la conséquence du génie, du caractère et des besoins des peuples.

Dans ces riches contrées, les peuples, amollis par le
climat et le luxe, éprouvent par-dessus tout le besoin du
repos et des plaisirs des sens. Les peuples, qui considèrent
la promenade comme une occupation laborieuse, trou-
veraient trop pénible l'exercice des devoirs de citoyens.
Ils préfèrent la tranquillité de l'esclave à la vie agitée
de l'homme libre; ils préfèrent, pour le gouvernement,
s'en rapporter au prince, s'en reposer entièrement sur
lui, plutôt que d'y prendre part en aucune manière, plutôt
que de troubler leur repos, de s'écarter de leurs harems.
Cependant ces peuples efféminés sont susceptibles d'exal-
tation, de fanatisme (sentiments fort ordinaires à tous
individus faibles et énervés), sont susceptibles de se
réveiller de leur léthargie, et de faire éprouver au gouvernement de fortes résistances, de puissantes secousses.
Comment a-t-on pu, pour ces cas de troubles, donner
au prince une puissance suffisante pour contenir à lui
seul toute la nation et la maîtriser? C'est en imitant cette
loi de la physique qui nous enseigne qu'un poids quelconque, le plus léger possible, peut balancer et contenir
tout l'univers. Il suffit d'agrandir la distance au point
d'appui. Il a donc fallu élever le prince à une distance
incommensurable du peuple, faire participer le prince de

la divinité ; et, pour le grandir encore, il a fallu que le peuple fût esclave, et se tînt à genoux devant son roi.

Pour que le prince se maintienne à cette hauteur, il est nécessaire que sa volonté soit comme celle du destin, que ses ordres s'exécutent avec la promptitude de la foudre. Si pour punir une rébellion l'on s'amusait, en Asie, à traîner les choses en longueur et à suivre toutes les formes pratiquées dans notre Europe, le gouvernement serait chaque jour renversé.

Il faut bien que ce gouvernement convienne à l'Asie, puisqu'il existait déjà du temps de Cyrus, et n'a point été changé depuis. Il faut bien que ce régime ait sa raison suffisante ; car le grand Cyrus, qui avait été élevé à la manière d'un Spartiate, ou de notre Henri IV, qui était le simple camarade de ses frères d'armes, se crut obligé, après avoir conquis la Médie, de prendre tous ces principes et tous ces dehors pompeux de la souveraineté du pays. Alexandre lui-même commençait à subir la loi de la même nécessité, et l'on ne remarque pas qu'aucun des capitaines devenus princes dans ces contrées, aucun usurpateur, ait eu seulement la pensée de changer la forme du gouvernement ; bien que les conquérants ou les usurpateurs aient toujours intérêt, pour s'attacher les peuples, à établir des gouvernements selon leurs vœux.

Quand les Romains eurent vaincu la Grèce, ils lui laissèrent son gouvernement, une apparence de liberté. Après qu'ils eurent conquis, en Asie, le royaume de Cappadoce, ils voulurent laisser aux peuples le privilége de se gouverner eux-mêmes ; mais les Cappadociens sentirent peu le prix d'un tel bienfait, et demandèrent un roi pour être gouvernés despotiquement, comme ils l'avaient toujours été.

Cette convenance du gouvernement despotique pour les peuples de l'Asie avait été jadis reconnue par les sept grands seigneurs persans, qui, après avoir renversé du trône le mage usurpateur, délibérèrent entre eux sur le meilleur gouvernement à établir.

L'on voit dans la suite les généraux d'Alexandre, puis Bajazet et Tamerlan, et d'autres conquérants, se disputer l'empire de l'Asie, sans que les peuples songent à profiter de ces querelles pour secouer le joug du despotisme. Ils se révoltent contre des actes trop oppressifs, et ne visent jamais à la liberté.

Depuis plus de 4000 ans la Chine est sous le despotisme, et les commotions qu'elle a éprouvées par les hostilités des Tartares, et les efforts des mandarins pour changer l'hérédité à la couronne, n'ont amené aucun changement dans la nature du gouvernement.

Les gouvernements restent stationnaires en Asie, parceque les besoins des peuples, et ces besoins, comme nous l'avons déjà remarqué, sont repos et sensualité, restent toujours les mêmes, et que le génie des peuples, emboîté pour ainsi dire dans ces besoins, reste comme eux stationnaire.

Tels ne sont point les peuples et les gouvernements de l'Europe.

Là où le climat est moins chaud, où la mollesse règne moins, où la pensée a plus d'activité et d'empire, les hommes y sentent mieux leur dignité, y sont plus hommes, y connaissent mieux leurs droits, leurs devoirs; ils ne bornent point leur ambition, comme en Asie, à la possession de richesses, ou de misérables instruments de sensualité. La pensée ne peut se satisfaire par les plaisirs des sens ; ce n'est pas là son domaine, elle éprouve des besoins plus généreux, un plus noble orgueil.

C'est par l'impulsion de ces besoins qu'elle nous lance dans des carrières utiles à la société, des carrières laborieuses, où nous puissions tout à la fois l'alimenter et mériter l'estime, la considération de nos concitoyens.

C'est par des inspirations plus hardies, par de grands travaux, qu'elle nous fait aspirer à la gloire, à nous faire un nom.

C'est en nous grandissant encore qu'elle nous entraîne vers le pays de la liberté, d'une sage liberté, comme le seul qui convienne à la dignité de l'homme et à son existence.

Puis la pensée, réagissant sur elle-même, se tourmente sans cesse, pour élargir le cercle de ses connaissances et se perfectionner;

Pour perfectionner les institutions civiles et politiques, toutes les institutions utiles à nos concitoyens, à l'humanité tout entière;

Enfin pour découvrir ou créer de nouvelles routes à la civilisation et au bonheur.

Par ce travail continuel de la pensée, par les progrès qu'elle fait faire à l'industrie, aux sciences et aux arts, par les lumières qu'elle répand partout, la société s'améliore, marche vers une plus grande perfection.

Dans cet ordre de choses, nos gouvernements ne sau-

15

raient rester stationnaires : entraînés par le mouvement général, ils sentent la nécessité de modifier leur régime selon les développements des nouveaux besoins des peuples, de s'approprier toutes les formes qui peuvent prévenir l'arbitraire et garantir le règne de la justice et de l'intérêt national ; ils sentent la nécessité de se perfectionner comme la société elle-même, de marcher avec elle, et de se mettre en position de satisfaire aux besoins des temps.

Ainsi les gouvernements, dans leurs formes et leur mode d'action, restent stationnaires ou se perfectionnent, selon que le génie, le caractère et les besoins des peuples restent eux-mêmes stationnaires ou prennent de nouveaux développements : c'est-à-dire que c'est toujours le génie, le caractère et les besoins que les peuples tiennent de la nature et du climat, même du temps, et non le bon plaisir des princes, qui déterminent les formes des gouvernements, et tracent le cercle de leur régime.

Il n'est point de pouvoir, quelque absolu qu'il paraisse, qui ne doive, pour assurer son règne, se maintenir dans ce cercle, et qui puisse tenter de le franchir sans rencontrer les plus fortes résistances et s'exposer à sa ruine.

Si les princes d'Asie, tout despotes qu'ils sont, entreprenaient d'abattre les temples, de détruire la religion, leur pouvoir trouverait là une barrière insurmontable; s'ils cherchaient seulement à fouler leurs peuples par des impôts inusités, ils ne rencontreraient guère moins de résistance. Sous Achmet III, le peuple est chargé d'un nouvel impôt, qui excite un mécontentement général. Un armurier, un marchand d'habits et un limonadier, maltraités dans la levée de cet impôt, entreprennent d'en punir le gouvernement. Le mécontentement du peuple leur paraît une puissance suffisante pour seconder leur projet ; ils la font agir, et deux jours après le prince est forcé de descendre du trône.

« Souvenez-vous, dit Achmet à Mahmoud, que le » peuple élevait à sa place, que Mustapha mon frère, » Mahomet IV, Mustapha II votre père, et moi-même, » nous sommes descendus du trône par l'abus que nos » ministres ont fait de notre puissance. Voyez tout par » vos yeux ; soyez sévère, mais soyez juste. »

Il faut donc, même en Turquie, que les princes n'abusent pas de leur puissance, et qu'ils ne s'avisent point de vouloir régner selon leur bon plaisir.

Pour mieux reconnaître combien est chimérique le règne du bon plaisir, que l'on contemple les plus grands despotes qui aient pesé sur cette terre : les Caïus, les Néron, les Domitien, les Commode, les Caracalla, bien qu'ils aient été dispensés de l'exécution des lois, qu'ils fussent les maîtres du monde et qu'ils se considérassent comme des dieux, dans leurs règnes féroces, ils ne jugeaient pas à propos de trop faire fond sur la maxime du bon plaisir. Ils avaient soin de gagner les soldats par des largesses, des flatteries, des bassesses. Insensés, ils ignoraient que la sûreté du prince est dans l'affection de ses sujets ; que l'injustice, le crime et le malheur sont une même chose ; que le prince qui, infidèle à la mission dont il est investi pour le bonheur des peuples, emploie sa puissance à les persécuter, à commettre toutes sortes d'injustices et de crimes, ne peut pas plus que les autres hommes qui manquent à l'honneur et à leurs devoirs échapper à l'infortune. Ils se croyaient en sûreté sous les boucliers de leurs soldats, et ils périrent tous par la réaction de leur tyrannie : le monde fut vengé !

Mais l'on prétend que ce sont les institutions qui forment le génie, le caractère et les habitudes des peuples, qui les façonnent en quelque sorte dans leurs moules, et non le caractère et les besoins des peuples qui créent les institutions, ou les font ployer à leur gré.

Nos explications précédentes peuvent faire apprécier ces assertions.

Cependant il est des distinctions à faire :

Les institutions politiques, après être nées du caractère et des besoins que les peuples tiennent de la nature et du climat, réagissent sur les peuples comme nos habitudes dans la vie, nées de notre caractère, de nos goûts et de nos besoins, réagissent ensuite sur nous et rendent notre caractère, nos goûts et nos besoins plus prononcés qu'ils ne l'étaient d'abord, leur donnent plus de fixité et et d'empire.

En second lieu, à l'origine des nations, et c'est à cette époque que les institutions exercent toute leur influence, les institutions peuvent faciliter ou contenir pour quelque temps le génie naturel des peuples, tempérer, modifier leur caractère, donner à leurs habitudes une direction analogue à l'esprit et aux mœurs qu'elles veulent établir. Mais de même, qu'à l'origine de nos habitudes, des causes étrangères à notre volonté peuvent leur imprimer une certaine direction, faciliter ou contenir le développement de notre caractère, de nos goûts, les tempérer et modifier, sans que ces modifications, ces nuances en changent le fond; de même les institutions politiques, en agissant sur l'esprit des nations, en les nuançant à leur type, ne sauraient changer le fond natif du caractère des peuples, leur génie, leurs qualités indélébiles; il leur serait plus impossible encore de détruire les influences du climat ou de prévenir les besoins des temps. Par conséquent les institutions politiques, loin de former le génie et le caractère des peuples, doivent y puiser leur esprit, s'y façonner, se ployer aux besoins des nations, aux besoins des lieux et des temps.

Si Lycurgue créa les Spartiates, c'est un phénomène qui ne s'est jamais reproduit, et encore les lois même de Lycurgue furent obligées, plus tard, de se ployer aux nouveaux besoins des peuples, aux besoins des temps. Le roi Agis chercha vainement à les faire revivre dans toute leur première vigueur; il paya de sa tête ce hardi projet, qui fut abandonné aussitôt.

L'on sait que Solon ne donna point aux Athéniens les meilleures lois possibles, mais celles qui cadraient mieux avec le génie et le caractère des Athéniens, qui se ployaient mieux à leurs besoins et à leurs mœurs.

Les Romains furent guerriers et conquérants, non précisément parceque leurs institutions les portaient à la guerre et à faire des conquêtes, mais parceque ces institutions étaient parfaitement adaptées au caractère qu'ils tenaient de Romulus et de ses compagnons.

Lorsque le temps eut créé pour les Romains de nouveaux besoins, et changé les mœurs, ce fut encore inutilement que Sylla voulut ramener Rome à ses anciennes lois : l'épée du dictateur put contraindre quelque temps à leur obéis-

sance; mais, après la retraite du tyran, les nouvelles
mœurs reprirent le dessus, et se débarrassèrent d'entraves
que la force ne soutenait plus.

Les républiques d'Italie au moyen âge semblent contredire l'opinion que je professe, puisque, tant que ces
petits états conservèrent leurs gouvernements républicains, ils eurent un grand éclat, et que depuis qu'ils ont
passé sous l'autorité de plusieurs princes leur grandeur a
disparu.

Ces exemples, loin de contredire mon opinion, la con-
firment. Lorsque les Ostrogoths et autres peuples barbares
envahirent l'Italie et en massacrèrent les habitants, les
citoyens de chaque ville, abandonnés à eux-mêmes par les
faibles princes qui régnaient alors, furent obligés de pourvoir seuls à leur défense et à leur salut. Ainsi le besoin de
leur conservation fonda leur indépendance et leur liberté;
et dans la ferveur de leurs nouveaux gouvernements ils
prospérèrent, et acquirent de grandes richesses, une grande
puissance. Plus tard, leurs éternelles guerres civiles et les
guerres de rivalité entre ces peuples les ayant presque con-
sumés, ils résignèrent leur liberté entre les mains de plusieurs princes, comme l'explique notre quatrième chapitre.
Mais lorsqu'ils passaient sous le régime républicain, puis
sous le règne des princes, ils subissaient la loi des besoins que les circonstances développaient en eux. Ils n'ont
pas reçu des institutions qui les aient d'abord rendus républicains, puis sujets de plusieurs princes; mais encore
une fois les besoins que les circonstances et le temps
avaient développés en eux ont tout produit.

Jadis en Europe, comme en Asie, le peuple était

esclave. Qui a donc pu émanciper les Européens ? Ce n'est sûrement pas le gouvernement féodal, souvent plus oppressif que le despotisme oriental, mais bien le génie, le caractère et les besoins de ces peuples.

Cette longue discussion, en même temps qu'elle nous fait voir que le règne du bon plaisir est une chimère, nous montre donc que le génie, le caractère et les besoins que les peuples tiennent de la nature, du climat et des temps, forment partout une barrière naturelle qui contient le pouvoir, quel qu'il soit, trace la route qu'il doit suivre, et prévient ses abus par les dangers qu'il rencontrerait en forçant cette barrière.

Maintenant que nous avons reconnu ce rempart de nature qui borne même le pouvoir absolu, recherchons quelles sont les barrières qui peuvent être instituées pour mieux circonvenir l'autorité du trône, et prévenir tout acte de tyrannie.

Indépendamment de la double résistance parlementaire dont nous avons parlé dans le paragraphe précédent, l'autorité du trône peut être circonvenue et barrée dans ses écarts :

Par la responsabilité ministérielle. Les ministres, qui seraient réputés, par cette responsabilité, les auteurs même de la tyrannie du prince, doivent faire quelque effort pour la prévenir, et ne point s'exposer à en être les victimes ;

Par l'indépendance du pouvoir judiciaire, indépendance qui garantit tous les droits civils, c'est-à-dire tous les droits formant la principale fin du gouvernement politique ;

Par le pouvoir municipal, qui arrache un grand nombre de droits et priviléges communaux à l'action directe du gouvernement, crée partout un esprit d'examen et de discussion des intérêts du pays, un esprit d'ordre et de liberté en harmonie avec le gouvernement représentatif, et qui deviendrait son plus ferme appui si le prince cherchait à détruire les libertés publiques;

Enfin, par toutes les prérogatives, toutes les libertés nationales que consacrera la charte constitutionnelle, charte qui, en se liant à l'intérêt national, et devenant une propriété de la nation, recevra des peuples une puissance conservatrice au-dessus de la puissance d'aucun prince qui tenterait de la détruire.

Après que Jean Sans-Terre eut concédé aux Anglais leur grande charte, il voulut la retirer, parcequ'elle lui avait été comme extorquée. Les rois ses successeurs cherchèrent aussi à l'abolir, même après l'avoir jurée; mais vains efforts : cette charte, incrustée dans les intérêts de la nation, ne pouvait être détruite isolément; il fallait immoler avec elle tous les intérêts nationaux, il fallait dépasser toute puissance humaine.

Derrière tous ces remparts se trouvera encore pour les défendre l'opinion publique, que le gouvernement peut et doit braver, suivant que nous l'avons déjà observé, tant qu'il marche dans la ligne nationale, avec la conscience que l'opinion du jour changera, et que le temps lui fera justice, mais dont il ne peut méconnaître la puissance, et qu'il doit toujours redouter s'il s'embarque dans des voies antinationales, et dont le temps fera également justice.

C'est en faisant subir à la théorie du gouvernement représentatif toutes des modifications expliquées dans le présent chapitre, et en l'envisageant sous le nouvel aspect qu'il présente alors, que le gouvernement représentatif paraît être le gouvernement le plus parfait. Chacune de ses combinaisons tend à tempérer l'autorité du prince et à adoucir les résistances qui lui sont opposées ;

A éclairer le législateur; à donner à la loi plus de solennité, de force et d'autorité;

A faire triompher les intérêts nationaux et à les garantir :

Enfin à constituer l'état sur ses fondements naturels, sur les principes conservateurs de l'ordre, du bien-être des peuples, sur les principes de la sagesse, de la raison.

En mettant en regard sous le troisième chapitre les trois formes de gouvernement, monarchique, aristocratique et démocratique, nous avons reconnu que le gouvernement monarchique était le meilleur, que le gouvernement aristocratique avait le second rang, et que le gouvernement démocratique était le plus imparfait.

Dès lors nous pouvions conclure que, dans un gouvernement mixte, où ces trois principes de gouvernement seraient combinés, ce gouvernement composé atteindrait son terme de perfection, et que chaque chose serait à sa place,

Si le principe le meilleur dominait,

Si le principe secondaire était borné à une influence secondaire,

Et si le principe le plus dangereux, le plus imparfait, avait le moins d'influence.

Toutes les combinaisons développées dans ce chapitre établissent et maintiennent précisément sur ce pied les

trois principes constitutifs de notre gouvernement représentatif, et trouvent de cette manière leur contre-épreuve
dans le tableau que nous avons présenté sous le troisième
chapitre, d'après les leçons de l'histoire.

Le gouvernement monarchique avait toujours été jugé
le meilleur, bien qu'il présentât deux immenses lacunes à
remplir :

Comment faire parvenir jusqu'au trône l'expression
des besoins et des vœux des peuples, y faire entendre le
langage de la sévère vérité ?

Comment opposer à la puissance du trône des résistances suffisantes, sans pourtant en détruire l'action ?

Le gouvernement représentatif, considéré comme
nous venons de le faire, semble résoudre aussi bien que
possible ces deux grands problèmes, et compléter ainsi
la perfection du gouvernement monarchique.

CHAPITRE XI.

DE L'ADMINISTRATION ET DE L'ARMÉE.

Le gouvernement, pour se soutenir et marcher dans la
ligne de ses devoirs, a deux appuis : ses administrateurs
et l'armée (1).

Cherchons quel doit être le choix de ses administrateurs,
et quelle obéissance lui doit l'armée.

§ 1.

DU CHOIX DES ADMINISTRATEURS.

Les gouvernements représentatifs, où se discutent et
débattent au grand jour les intérêts de la nation, engendrent nécessairement plusieurs partis.

De quelle manière le gouvernement doit-il envisager
ces partis pour le choix de ses administrateurs?

---

(1) Tout bon gouvernement a son appui réel dans la nation , dans la garantie de ses intérêts, et sans cet appui aucun gouvernement ne saurait se
maintenir long-temps; mais il est question ici seulement des instruments à
la disposition journalière du gouvernement, pour soutenir sa marche. L'on
objecte que l'armée est seulement destinée à défendre la nation contre les
étrangers : oui, ce sont là ses principales fonctions; mais elle ne peut être
considérée comme simple gardienne des frontières. La tranquillité publique
à l'intérieur a besoin d'être garantie, le trône lui-même doit être mis à l'a-
bri des séditions, et l'armée seule peut satisfaire à ces divers points. Voir au
reste notre paragraphe sur l'armée.

« Le juste milieu, dit Confucius, est toujours le but du
» sage, le but où repose la vertu. »

D'après cette vérité, qu'Aristote applique à la politique,
ceux des hommes d'état, des citoyens, qui se rapprochent
le plus du centre, de ce juste milieu entre les divers partis,
sont aussi ceux qui se rapprochent le plus de la sagesse.

En effet, les hommes des partis différents, qui sont peu
éloignés entre eux, sont les moins passionnés, ceux que
la froide raison éclaire davantage, qui peuvent mieux
écouter ses conseils, suivre ses leçons et agir avec le plus
d'impartialité.

Il semble alors que les gouvernements représentatifs
devraient confier leurs emplois d'administrateurs aux hommes les plus modérés des divers partis.

L'avantage de se reposer sur les plus sages ne serait pas
le seul: il y aurait encore l'avantage, non moins grand,
d'éteindre ou d'atténuer les jalousies et les haines que font
naître les partis, et de corriger de la sorte les inconvénients que présentent sous ce rapport les gouvernements
représentatifs.

D'ailleurs tous les citoyens ont droit d'aspirer aux emplois publics; et, parmi les candidats, la probité et le mérite
paraissent devoir seuls déterminer le choix du prince. C'est
pour l'état et non pour le prince que sont exercées les
fonctions publiques; et que peut désirer la nation et le
prince lui-même, quand les affaires de l'état sont entre
les mains d'hommes capables et probes?

Malgré ces raisons, le système du partage des emplois
publics entre les hommes modérés des divers partis ne
serait pas le meilleur, le plus politique.

Si l'administration était confiée à des hommes de différents partis, elle se trouverait paralysée par leurs opinions, leurs efforts divers. Sans unité, sans vie, sans chaleur, elle ne pourrait seconder les vues du gouvernement; elle établirait une balance d'action et de force, au détriment de sa puissance.

C'est surtout lorsqu'un gouvernement représentatif a pour antécédents les règnes de la démocratie et du despotisme, les règnes de plusieurs constitutions, et des révolutions de toute espèce, lorsqu'il à agir sur une nation où les positions sociales ont été déplacées, où des prétentions et des intérêts de tout genre viennent se croiser, où des opinions de toutes couleurs ont été enseignées aux peuples, qu'il n'est pas possible de suivre le système de la répartition des emplois entre les partis.

Un gouvernement dans cette position, pour prendre son assiette, préserver désormais la nation de ces secousses, de ces révolutions si désastreuses, fixer et protéger tous les intérêts, dominer tous les partis,

A besoin de créer une marche et un ordre de choses qui lui soient propres;

A besoin de refondre toutes les opinions, et de les rattacher à son règne;

A besoin, dans ses efforts pour arriver à ces fins, d'être bien secondé par des administrateurs dévoués, animés du même esprit, d'un même mobile;

Et par conséquent a besoin de faire tomber ses choix d'administrateurs sur des hommes dont la probité et les talents sont fortifiés d'une opinion ou d'un esprit analogue à celui que veut créer le gouvernement.

Mais sans nous arrêter davantage à ces cas particuliers, et en considérant les gouvernements représentatifs dans leur essence, il est vrai de dire, ce semble,

Que si ces gouvernements divisaient leur administration entre les partis, ils se priveraient réellement des secours qu'ils doivent attendre de l'administration; qu'il ne leur serait plus possible de suivre aucun système, aucun plan uniformes; qu'ils rendraient leurs principes de gouvernement toujours problématiques, et leur feraient perdre toute influence salutaire sur les peuples; qu'ils introduiraient une sorte d'anarchie dans le pouvoir; et qu'ils ne pourraient énerver ainsi leur puissance sans compromettre leur existence.

Encore une fois, ce n'est qu'animée d'un même esprit, et par son union, que l'administration peut être influente et forte, qu'elle peut agir efficacement sur l'esprit des peuples; qu'elle peut propager, établir, les principes et les fondements sur lesquels le gouvernement doit se fixer; qu'elle peut former son meilleur appui et accroître sa puissance.

Il est donc nécessaire que le gouvernement ne confie son administration qu'aux hommes dont les principes sont conformes à ses propres principes; aux hommes dont l'union, l'énergie et le dévouement lui présentent un appui dans la route qu'il s'est tracée, une force coordonnante dans ses plans, une sauvegarde contre les dangers.

Au surplus, ce n'est point par ces petites répartitions d'emplois, ces petites transactions avec les partis, que le gouvernement parviendra à les dominer et à prendre l'ascendant qu'il doit avoir. Les intérêts de tous les partis se confondent dans l'intérêt national : c'est là que le gouvernement doit tendre, bien convaincu qu'en marchant à ce but il entraînera ou contiendra tous les partis.

Ces considérations nous portent à penser que, bien qu'il paraisse juste que tous les citoyens d'un mérite et d'une probité reconnus soient appelés au maniement des affaires de l'état, partagent les honneurs et les prérogatives des fonctions publiques, la politique prescrit aux gouvernements représentatifs d'exiger encore de leurs fonctionnaires une autre garantie, celle de l'opinion. Et puisque cette politique est dictée par l'intérêt général, dans lequel tous les citoyens trouvent leurs intérêts propres, il ne serait pas exact, ce semble, de dire qu'elle blesse en rien la justice.

§ 2.

DE L'OBÉISSANCE DE L'ARMÉE.

L'armée est un instrument matériel, un instrument de force, qui reçoit son impulsion du trône, pour agir là où la raison n'a plus d'empire. Il ne lui est jamais permis de juger les causes qui nécessitent son intervention; parceque la force, délibérant, serait la véritable, la seule souveraine. L'armée ne doit donc point interpréter les ordres du prince, s'immiscer en aucune manière dans les affaires de l'état, et son obéissance au trône doit être toute passive.

Pour mieux apprécier ces principes, suivons les conséquences des principes contraires :

Le ministre, au nom du roi, donne un ordre au colonel, qui n'y aperçoit rien qui puisse blesser l'intérêt national, et consent à l'exécuter.

Le colonel transmet l'ordre au capitaine; mais ce dernier l'interprète autrement que le colonel, et par conséquent refuse de s'y conformer.

Le lieutenant est de l'avis du colonel, et le sous-lieutenant partage celui du capitaine.

Dans cette position, que devient le trône? L'armée, destinée à le défendre, n'est plus qu'une conférence d'avocats, qui vont s'entr'égorger, et laisser le prince à la merci du premier danger.

Que sera-ce si les soldats se partagent entre eux, ou s'ils s'unissent contre leurs officiers pour faire triompher leurs arguments?

L'histoire nous signale partout les dangers du défaut d'obéissance passive de l'armée, comme les dangers de son intervention dans les affaires de l'état.

Lors de la clôture du parlement de Bretagne, le régiment de Bassigny proteste contre les ordres qu'il est chargé d'exécuter, et donne le signal de ces malheureuses délibérations de l'insubordination.

Plus tard, les gardes françaises jugent plus à propos de défendre la cause du peuple que celle du trône, et de soutenir le peuple dans toutes ses attaques contre l'autorité.

La garnison de Nancy ne veut plus reconnaître les ordres de ses officiers, dont elle n'approuve point les principes; l'insubordination est au comble, c'est par les armes qu'il faut soumettre ces soldats à voix délibérative, et Nancy est le théâtre d'un combat où des régiments entiers tombent sous les coups de leurs frères d'armes.

Bientôt l'on délibère partout, et le trône n'a plus d'appui. MM. du Palais-Royal et des Jacobins ont carte blanche pour le renverser, pour proclamer le règne des héros du 2 septembre.

En Angleterre, le parlement, qui avait déployé contre son souverain l'étendard de la guerre pour s'emparer de l'autorité, se vit tout-à-coup arracher sa proie par l'armée: des remontrances, l'armée passe aux délibérations sur ses intérêts, sur les affaires de l'état; puis marche contre le parlement, le subjugue, et désormais l'épée de Cromwel est la seule souveraine de l'Angleterre.

N'est-ce pas le droit que s'arrogèrent les armées romaines d'intervenir dans le gouvernement, de déposer et d'élever les princes, qui fut la principale cause de la décadence de l'empire?

Et de nos jours c'est la force armée qui, de toutes parts, a fait éclater des révolutions.

Ainsi les principes d'interprétation et de délibération conduiraient l'armée, soit à laisser le trône sans défense, soit à le subjuguer ou le renverser.

A la vérité, si l'obéissance délibérante présente d'aussi grands dangers, l'obéissance passive n'en est pas entièrement exempte. Elle a été quelquefois pour les princes la base du pouvoir absolu qu'ils ont étendu sur leurs peuples.

Les fastes de la France et d'autres peuples de l'Europe nous apprennent que Charles VII, après avoir créé une armée nombreuse et permanente, qui lui servit à arracher son royaume des mains des Anglais, profita de la puis-

16

sance qu'il tirait de l'entière soumission de son armée pour abattre la puissance des grands seigneurs de son royaume, et étendre la prérogative royale; que cet exemple fut suivi par les rois ses successeurs, et imité de ses voisins, et que c'est à dater de son règne que les princes devinrent plus absolus.

Pour éviter cet écueil l'on propose d'organiser les principaux citoyens, la garde nationale, pour le service de l'intérieur, et de n'employer jamais les troupes régulières qu'à la défense des frontières. La garde nationale, dit-on, suffira pour maintenir la tranquillité publique, et mettre le trône à l'abri de toute sédition, sans que le prince puisse jamais se rendre maître de cette garde au point de s'en servir pour étendre sa prérogative et marcher au pouvoir absolu. Et d'un autre côté les troupes régulières, qui formeront seulement le boulevard de la nation et s'engageront d'ailleurs par serment à ne se tourner jamais que contre l'ennemi, n'alarmeront plus la nation par leur obéissance passive.

Ce système, en paraissant éluder un danger, en créerait de plus grands :

La garde nationale exercerait trop d'influence envers le trône et le tiendrait en tutelle; car, intéressée à la direction du gouvernement comme à la tranquillité publique, elle ferait tomber le gouvernement sous sa puissance, ou du moins lui ferait prendre une direction populaire.

En second lieu, quand l'on se trouve dans une position contrainte, l'on cherche, par tous les moyens possibles, à en sortir : le prince, pour se tirer de la tutelle de la garde nationale, tournerait ses regards vers l'armée, et mettrait tout en œuvre pour en faire son appui : alors qui pourrait calculer les suites d'un tel ordre de choses ?

Le système dont s'agit porterait donc le double germe d'un gouvernement populaire et de la guerre civile. Un pareil système ne peut sans doute être adopté par la politique, et ramène au principe de la simple obéissance passive.

Si ce principe recèle des inconvénients, des dangers, n'a-t-on pas les mêmes objections à faire contre tous principes politiques, même celui de l'hérédité de la couronne ? Pour bien juger ces principes, il faut les considérer non sous une seule face, mais dans tous leurs points de vue, dans toutes leurs conséquences ; et c'est en définitive la plus grande somme d'avantages appréciés par l'expérience qui leur donne autorité et les consacre.

Je terminerai ce chapitre par une dernière réflexion.

Les progrès des sciences et des arts, comme les développements du commerce et de l'industrie, en augmentant chaque jour les richesses et le bonheur du peuple, augmentent aussi sa puissance.

Sûrement nous devons rendre grâce à la Providence, ainsi que l'a dit un célèbre orateur, de ces bienfaits de la civilisation, qui agrandissent le cercle des heureux et resserrent celui de la misère ;

Mais nous devons aussi reconnaître que la puissance créée par cette marche de la civilisation, la puissance démocratique, devient chaque jour plus redoutable, et que ce n'est point le cas de paralyser dans les mains du prince les instruments de sa puissance protectrice.

Une pensée qui nous est suggérée, ou qui n'est dans notre esprit que l'expression de nos intérêts particuliers, ou bien une pensée qui existe en nous sans que nous puissions nous en rendre compte, n'est point et ne formera jamais une véritable opinion.

Une opinion ne peut se former qu'à la manière dont le juge rend la justice; il entend avec impartialité le pour et le contre, compare, réfléchit, pèse tout sous l'application de la loi, et le plus lourd bassin détermine son opinion, son jugement.

Ce n'est donc qu'en pesant toutes choses de sang-froid, sous l'application des règles de la raison, que le bassin qui l'emporte forme notre opinion; hors de là point d'opinion,

En effet : une opinion suggérée n'est qu'une pensée simple, sans contre-poids, hors le cercle du jugement.

Une pensée qui est seulement l'expression de nos intérêts particuliers n'est encore qu'une pensée isolée. Demain mes intérêts peuvent changer, mon opinion changerait donc également? ce qui ne peut être, puisque l'opinion n'est autre chose que la règle de la raison, qui reste toujours la même.

Enfin, une pensée dont on ne peut se rendre compte, qu'on ne peut asseoir sur des bases solides, n'est pour ainsi dire qu'une simple sensation, hors le cercle de toute comparaison, de tout jugement, hors le cercle de l'opinion.

Sur ce pied, et en appliquant ces réflexions à la politique, l'on est fondé à dire que la majorité d'une nation est dans l'impuissance de se former une opinion politique (1). Alors quel empire l'opinion prétendue de la majorité des citoyens peut-elle exercer sur le gouvernement?

---

(1) « Mes intérêts particuliers, comparés à ceux de la nation, » ne sont rien, objectera-t-on, et ne peuvent baser mon opinion » politique. Mais si la majorité des citoyens a le même intérêt » que moi, l'opinion de cette majorité, bien qu'elle s'appuie » sur ses propres intérêts, qu'elle n'en soit que l'expression, for- » mera l'opinion générale, l'opinion nationale, et devra servir » de régulateur au gouvernement. »

C'est toujours prendre le chemin de l'erreur que de considérer la nation comme une simple agrégation de citoyens, comme une quantité numérique.

La dernière classe de la société compte à elle seule plus de citoyens que toutes les autres : faudra-t-il que l'opinion ou l'expression des intérêts de cette dernière classe dirige le gouvernement, fasse la loi? faudra-t-il que les grands et les riches soient subordonnés aux pauvres? Certainement l'on ne verra jamais le monde ainsi renversé.

A cette dernière classe ajoutez-en un grand nombre d'autres, toutes celles qui composent la démocratie : l'opinion qui ne serait que l'expression des intérêts de cette nouvelle majorité numérique ne formerait point l'opinion générale, l'opinion nationale, parceque l'intérêt de la démocratie n'est, dans la nation, qu'un intérêt spécial, comme celui de l'aristocratie, comme celui du prince.

Si vous faites prévaloir l'opinion de cette majorité, si elle maîtrise le gouvernement, si enfin vous établissez le règne de la démocratie, ce règne entraînera nécessairement avec lui toutes sortes de dangers, de calamités, et la ruine prochaine de la nation. Il est évident que l'opinion dont le règne aboutirait à la ruine de la nation ne peut être envisagée comme l'opinion générale, l'opinion nationale.

Pour se former une opinion politique, il faut nécessairement

« Mais l'on répond qu'il faut voir l'opinion dans
» la classe éclairée de la nation, que c'est l'opinion de la
» majorité de cette classe qui forme l'opinion publique,
» soit que l'on se renferme dans cette seule classe sans
» s'occuper des autres, soit que l'on considère les autres
» classes comme l'écho de la première, comme réfléchis-
» sant les lumières qui viennent de cette première classe;
» en telle sorte que c'est toujours l'opinion de la majo-
» rité qui doit faire loi, qui doit dominer et entraîner
» le gouvernement. »

Cette conclusion serait juste si, dans la classe éclairée
de la nation, l'opinion de la majorité était la plus saine.
Mais si l'on parvient à établir que cette opinion n'est pas
la plus sage, il faudra bien lui refuser l'empire.

Le deuxième paragraphe de notre sixième chapitre
explique que, dans un tribunal ou une assemblée choisie
et peu nombreuse, la majorité des suffrages est la seule
mesure qui puisse faire connaître l'avis le meilleur; mais
que la même mesure, dans une assemblée nationale, serait

---

se détacher de ses intérêts personnels, comme des intérêts de la
classe à laquelle l'on appartient; il faut les embrasser tous, considérer l'intérêt de la nation dans sa constitution entière, se baser sur les principes conservateurs de l'ordre, de la paix, des
droits, du bonheur de tous, sur les principes consacrés par l'expérience, etc.; c'est-à-dire qu'il faut raisonner, comparer, réfléchir, méditer, faire ce qui est impossible pour la majorité des
citoyens.

Par conséquent la majorité d'une nation est dans l'impuissance de se former une opinion politique.

fausse, en raison des différentes classes dont se compose la nation, et de la différence d'instruction et de capacité dans ces classes.

Ici même distinction à faire dans la première classe de la nation; cette première classe se subdivise nécessairement en plusieurs autres, ditinguées par divers degrés d'instruction, de capacité, etc.; et, par les raisons que nous avons développées en notre sixième chapitre, l'on peut dire que, même dans la classe éclairée de la nation, l'avis du plus grand nombre n'est pas le meilleur.

Mais nous allons envisager la question sous un autre point de vue.

Lors même que nous aurions tous un égal discernement, et une égale instruction pour nous former une opinion, l'opinion du plus grand nombre ne serait pas encore la meilleure, parceque le plus grand nombre se laisse guider par des préventions, la passion, ne se prémunit point assez contre l'erreur, et qu'il n'y a jamais que peu d'hommes qui puissent échapper à l'influence de ces causes corruptrices du jugement et de l'opinion.

Je commencerai par citer quelques exemples propres à mieux faire ressortir cette influence, puis je montrerai, en m'appuyant sur ces exemples, que, même dans la classe éclairée de la nation, l'opinion du plus grand nombre n'est point en effet la meilleure.

Une personne de beaucoup d'esprit me disait il y a quelque temps qu'il lui était impossible de lire les journaux d'une couleur opposée à la sienne. Cette prévention est, je crois, le fait de bien des gens; mais aussi est-ce le moyen d'être impartial? et la justice serait-elle mieux rendue si les juges se bornaient à n'entendre qu'une seule partie ?

C'est une chose merveilleuse que chacun convienne que les passions aveuglent, font voir toutes choses sous un faux jour, et rendent injuste, sans que personne veuille s'appliquer ces principes.

L'un de mes amis part pour un voyage, avec l'espoir, fondé sur une promesse un peu vague, d'obtenir à son retour la main d'une fort jolie et fort aimable dame. Le voyage se prolonge; d'ailleurs les absents ont toujours tort; et, quand mon ami revint, cette dame avait donné à son rival une promesse positive. Mon ami se plaint amèrement de ce manque de foi; il s'aigrit et s'emporte; à l'amour succède la haine; et la femme qu'il avait élevée au-dessus de toutes les autres, maintenant il la traite indignement, il la voit sans esprit, sans beauté. La passion t'aveugle, lui ai-je dit: je suppose que tu sois le rival préféré, le tort de cette dame serait le même, et pourtant ce tort, loin de la défigurer à tes yeux, te la ferait paraître mille fois plus aimable et plus belle.

C'est ainsi que tous les jours nous nous laissons aveugler; nous jugeons le même objet blanc ou noir, selon la position où nous placent nos passions; les mêmes actions, les mêmes principes prennent la couleur du vice ou de la vertu, suivant qu'ils se rapprochent ou s'éloignent des passions qui nous animent; et jamais nous ne voulons reconnaître, même soupçonner notre incapacité pour bien juger.

Il ne suffit pas d'être sans prévention et de réprimer ses passions pour porter un jugement sain. Si nous tranchons, d'après les simples notions de l'intelligence, sur des matières qui nous sont étrangères, ou que nous n'avons point approfondies, sans nous assurer jusqu'à quel point ces notions de notre intelligence, toutes justes qu'elles sont, s'appliquent à notre sujet, la vérité nous échappera encore fréquemment.

Vers le temps où s'introduisit l'usage des journaux, où les savants de l'Europe commencèrent par cette voie à soutenir des discussions entre eux, il fut proposé ce problème :

« Quel chemin ou quelle ligne devra parcourir tel » corps placé dans telle circonstance pour arriver le plus » promptement à la terre? »

Il semblait d'abord que ce corps devait parcourir une ligne droite, qu'il ne pouvait même en parcourir une autre, puisque la ligne droite est la plus courte de toutes. Cependant, tout bien examiné et calculé, il fut reconnu que le corps aurait à parcourir une ligne courbe; et la solution du problème contredit les notions les plus claires.

Telle est souvent la solution des problèmes politiques. L'intelligence, par ses seules facultés, croit la découvrir d'abord, le raisonnement même, en s'appuyant sur ces premières notions de l'intelligence, démontre l'exactitude de cette solution. Cependant, si l'on étudie la matière et les nombreuses données du problème, si l'on médite sur les circonstances diverses et compliquées qui le régissent, si l'on en vient à l'application, l'on s'aperçoit bientôt que ces premières notions de l'entendement, toutes justes qu'elles étaient, portaient à faux, et qu'il faut prendre d'autres voies pour arriver à but.

CHAPITRE XII.

L'OPINION DU JOUR NE DOIT POINT DOMINER, ENTRAÎNER LE GOUVERNEMENT.

L'opinion, dit Platon, est le milieu entre l'erreur et la vérité.

Ce n'est certainement point sur ce pied que chacun envisage ses opinions politiques, car l'on aurait alors moins de confiance dans sa propre opinion, moins de dédain ou de mépris pour les opinions de ses adversaires, et les partis se rapprocheraient davantage, s'éclaireraient mieux respectivement.

L'opinion politique que chacun se forme est le jugement que chacun, à tort ou raison, porte sur les affaires du pays, et les systèmes qui doivent les régir: jugement que l'on considère comme le meilleur possible, comme le jugement par excellence, et qui à ce titre fixe l'opinion.

Toutes les opinions particulières qui ont le plus d'analogie entre elles viennent ensuite se grouper pour former par leur ensemble une opinion politique, et le groupe le plus considérable, celui qui forme la majorité, forme aussi ce que l'on appelle l'opinion.

Je vais expliquer que l'opinion considérée sous cet aspect, comme l'agglomération des opinions que chacun s'est faites sur les affaires du jour, ne doit point dominer, entraîner le gouvernement.

Examinons d'abord si la majorité des citoyens peut réellement se former une opinion politique.

C'était après s'être entretenu sur la politique avec d'A-
lembert, Toussaint et Maupertuis, que le grand Frédéric
dit que, s'il avait des provinces à châtier, il les donnerait
à gouverner à des philosophes. Sûrement ce n'était point
la capacité, la puissance de raisonner juste qui manquait
à ces messieurs, mais seulement la logique politique, la
logique pratique.

Or si, avec des principes justes dans l'esprit, nous
sommes exposés à l'erreur, parceque, dans notre ignorance du fond des choses et de l'expérience, nous ap-
pliquons mal ces principes, nous les faisons porter à
faux, que sera-ce si les principes qui nous guident
sont douteux ou faux, si nous prenons aveuglément pour
règles toutes les idées, plus ou moins vagues, que le
hasard, des préjugés, nos intérêts, nos relations, et mille
autres causes accidentelles, ont pu jeter dans notre esprit?
Notre intelligence à travers tous ces nuages ne saura
rien apercevoir sous son véritable jour, rien apprécier, et
s'égarera infailliblement (1).

Enfin, avec toutes les connaissances, toute l'aptitude et
tout le travail nécessaires pour découvrir la vérité, nous
ne sommes jamais certains de n'avoir rien omis dans nos
recherches, nous ne pouvons être assurés de la rectitude

---

(1) Mais je m'oublie sur ce chapitre; je sens ma conscience qui
m'ordonne presque de briser ma plume, et de jeter mon cahier
au feu. Heureusement que je puis me rassurer en songeant que
c'est pour mon instruction que j'écris, et non pour prendre le rôle
de publiciste.

même de la véritable expression de notre jugement, et si de nouvelles circonstances, plus de lumières, n'en changeraient point les déterminations.

Lorsque M. de Chamillart n'était encore que conseiller rapporteur au parlement, il avait été chargé d'examiner une affaire assez compliquée. Il s'acquitta de cet examen avec l'attention et l'impartialité d'un magistrat sévère et intègre. Il fit son rapport à la cour, et l'arrêt fut rendu en conformité du rapport. Le malheureux plaideur condamné vient trouver M. de Chamillart, et lui reproche de n'avoir point examiné son affaire comme il le devait, d'avoir passé sous silence une pièce qui aurait dû lui donner gain de cause; il insiste tellement sur cette pièce, y met tant de persistance, que M. de Chamillart prend le parti de revoir pièce à pièce tout le dossier du procès. Après des recherches infinies, il trouve un chiffon de papier qui lui avait échappé, et qui en effet eût changé la décision de l'affaire si cette pièce avait été connue; il s'agissait d'une somme de 20,000 francs. M. de Chamillart aussitôt fait vendre son argenterie, emprunte de ses amis ce qui lui manque, et paie au malheureux plaideur les 20,000 francs qu'il lui avait fait perdre. Si tous les jugements que nous portons emportaient condamnation, combien n'aurions-nous pas de torts à réparer, de sommes à rembourser!

L'on pourrait signaler beaucoup d'autres écueils pour notre jugement, particulièrement le chapitre de nos intérêts, qui colorent tout à leur nuance. Je me tiendrai cependant aux exemples que je viens de rapporter.

Je suppose maintenant que la classe éclairée de la

nation soit répartie dans quatre catégories analogues à ces exemples :

Qu'on place dans la première les hommes passionnés qui ne peuvent rien voir qu'à travers les passions qui les dominent ;

Dans la seconde, les personnes partiales par simple prévention ;

Dans la troisième, les hommes assez impassibles pour bien juger, mais qui raisonnent sur des matières qui leur sont étrangères ou qu'ils ne peuvent approfondir, d'après les simples notions de leur intelligence, d'après les idées que leurs positions sociales, leurs relations ou le hasard ont jetées dans leur esprit ;

Et dans la quatrième, les personnages les plus réfléchis, qui ne se forment jamais une opinion qu'après une longue étude et de profondes méditations.

Les premières catégories seront sans contredit les plus nombreuses, et la quatrième fort resserrée. Toutefois, pour plus de simplicité, admettons qu'elles soient d'égales forces.

Dans le jugement qu'elles prononceront sur les affaires du pays, sur les mesures et les systèmes qui doivent être adoptés pour les régir, les suffrages des trois premières catégories, inspirés par les passions, la prévention ou l'ignorance, porteront à faux ; il n'y aura que le hasard qui pourra les faire rencontrer juste. Les suffrages de la quatrième, inspirés par la réflexion, de profondes méditations, dégagés de l'influence des passions, toucheront à but ; il n'y aura que le hasard qui pourra les faire porter à faux.

Nous voilà donc placés entre une majorité qui ne jugera bien que par exception, et une minorité qui ne jugera mal aussi que par exception.

Quelle sera la décision qui devra être réputée la plus sage, qui devra être considérée comme formant l'opinion la plus saine? Ah! sûrement il ne peut y avoir de doute; et la raison, au regard de toutes les considérations que nous venons de développer, proclame que, même dans la classe éclairée de la nation, le jugement, l'opinion du plus grand nombre n'est pas la meilleure.

Si les méditations, l'impassibilité, font penser juste, la passion fait des prosélytes, des enthousiastes. En quittant la classe éclairée de la nation pour parcourir les autres classes, l'on trouvera que l'opinion sage fait peu de bruit, a peu d'écho; tandis que l'opinion des hommes passionnés fait fracas, entraîne tout après elle.

Ainsi, que l'on se renferme dans la première classe de la société, ou qu'on les embrasse toutes, il est toujours vrai de dire que l'avis du plus grand nombre n'est pas le meilleur, que l'opinion de la majorité nationale ne doit point faire loi, ne doit point dominer, entraîner le gouvernement.

Bien que l'avis du plus grand nombre ne soit pas le meilleur, qu'il ne doive point entraîner le gouvernement, cette opinion n'est cependant pas perdue pour la politique; elle est utile à la marche du gouvernement, parcequ'elle est l'expression des besoins et des vœux des peuples, la manifestation du malaise qu'ils éprouvent, et le gouvernement doit agir d'après l'opinion, comme le médecin agit d'après la manifestation du mal que le malade ressent. Mais de même qu'un malade courrait à sa perte en se traitant lui-même, en dictant les ordonnances, de même aussi les peuples seraient conduits à leur ruine si l'opinion dictait des ordres au gouvernement, et l'entraînait.

Pourtant il faut distinguer de cette opinion qui juge les événements contemporains, de l'opinion du jour dont nous venons de parler; l'opinion qui juge les âges précédents, et qu'on désigne par le simple nom d'opinion. La seule manière dont ces deux opinions se forment peut nous donner la mesure de leur autorité.

Les âges précédents, les principes qu'ils ont professés, les événements qu'ils ont produits, sont d'abord jugés par des écrivains qui, affranchis des sentiments ordinaires de rivalité, de jalousie, à l'abri des passions, dans le silence et le recueillement, pèsent toutes choses à la balance de la raison. Ils dégagent les faits des dehors trompeurs qu'ils peuvent avoir, rapprochent les principes de l'expérience, distinguent les effets accidentels des effets nécessaires, portent partout le flambeau de la vérité, du génie, et c'est à sa clarté qu'ils prononcent leurs arrêts : leur sagesse est bientôt goûtée, appréciée par les hommes les plus instruits, puis peu à peu se fait jour, passe de rang en rang, se propage ; et tout le public, qui a recueilli avec fruit les lumières qui lui sont venues d'en haut, forme alors un tribunal imposant, dont le jugement doit avoir une autorité d'autant plus grande qu'il est seulement l'œuvre du talent ou du génie, purifié et réfléchi par la raison commune des peuples.

Mais quelle autorité peut avoir ce même tribunal,

quelle confiance mérite-t-il, lorsque, juge dans sa propre cause, aveuglé par ses intérêts du jour, animé par les passions les plus ardentes, excité, entraîné par des hommes encore plus passionnés, il prononce à tort et à travers sur des matières qui ne peuvent encore être jugées par les hommes les plus éclairés, les plus impassibles, sur des matières qui demandent l'expérience des siècles ? Assurément l'on ne doit pas faire grand fond sur ces derniers arrêts, ni se soumettre à leur décision.

Cette distinction sur l'opinion découle de cette maxime, que les grands hommes et leurs œuvres sont mal jugés par les comtemporains.

Si les contemporains jugent mal, c'est parcequ'ils se laissent prévenir par les passions, et que d'ailleurs les masses sont incapables de se former une opinion, comme nous l'avons expliqué.

Si les âges suivants jugent sainement, c'est parcequ'ils ne partagent point les passions des contemporains, et que le talent ou le génie passent aux masses des opinions toutes faites, qui n'ont plus besoin que d'être revisées par la raison commune.

La grande différence des deux opinions dont nous venons de parler ne permet pas que la politique les envisage de la même manière.

L'opinion qui prend ses racines tout à la fois dans l'expérience, les leçons du génie et la raison commune des peuples, possède une grande puissance morale. Les gouvernements ne peuvent dédaigner l'appui de cette puissance; ils doivent faire alliance avec elle pour assurer leur marche et le bonheur des peuples.

Tandis que l'opinion du jour, née d'agitations et d'intérêts passagers, n'a aucun titre pour servir de régulateur au gouvernement, l'associer à son règne éphémère, eh! comment la mobile opinion du jour pourrait-elle sceller une alliance qui ne doit jamais se fonder que sur les intérêts nationaux permanents?

Les gouvernements représentatifs nous fournissent un exemple d'application de cette double opinion.

Leur origine appartient aux âges précédents. Les heureuses combinaisons de ces gouvernements pour garantir la stabilité du trône, les libertés publiques et la prospérité du pays, sont jugées par la postérité, ont reçu la sanction de l'opinion.

Mais, pour leur organisation chez tel ou tel peuple, pour la limite des bases sur lesquelles ils doivent s'asseoir, et toutes les combinaisons secondaires qu'exige leur jeu, l'opinion du jour est incompétente, ne saurait rien décider; et ce n'est qu'à des hommes supérieurs qu'il appartient de discerner et d'établir tout ce qui est nécessaire au rouage de la machine compliquée de ces gouvernements.

Je n'insisterai pas davantage sur cette distinction de l'opinion; ce chapitre ayant seulement pour objet de montrer que l'opinion du jour ne doit point maîtriser le gouvernement, je vais me borner à mettre cette vérité plus en jour par quelques citations, ces citations feront voir combien l'opinion du jour a peu de fond, combien ses jugements sont irréfléchis : une aveugle préoccupation les dicte, la raison et l'expérience les invalident.

Sous Louis XV, le système de Law séduit l'opinion du jour; la noblesse, le clergé, le médecin, le jurisconsulte, les

17

marchands, toutes les classes sont animées d'un même esprit; chacun croit s'enrichir en changeant son argent
pour du papier; une partie de la nation se trouve incessamment réduite à l'indigence, et le crédit public, tombé,
menace d'entraîner le royaume dans sa ruine.

Quand les Américains font leur déclaration des droits,
toute l'Europe y applaudit; les princes mêmes ne la désap-
prouvent point. Louis XVI arme pour en soutenir les principes. Ah! prince, que faites-vous? les doctrines que vous
allez défendre sont subversives de l'ordre public; elles
vont bientôt briser votre trône, mettre en pièces votre
personne sacrée, ébranler l'Europe entière, bouleverser
et écraser la société. Mais telle est notre condition, nous
n'apprenons rien que par l'expérience.

Nous pouvons reconnaître les erreurs de l'opinion du
jour, même dans les circonstances où elle doit plus particulièrement réprimer sa fougue, se recueillir et agir
avec sagesse; dans les jugements qu'elle prononce comme
organe de Thémis,

Elle condamne à mort le plus sage des Grecs, accusé
de corrompre la jeunesse;

Démosthène, qui avait donné tant de preuves de dévouement à son pays, éprouve un pareil sort;

Phocion, ce vertueux citoyen, surnommé l'homme de
bien, est frappé du même coup.

Puis l'opinion, rougissant de ses fautes, redressant elle-
même ses torts, élève, en expiation, des statues à ses victimes.

C'était la reconnaissance publique qui avait fait élever
trois cent soixante-cinq statues à Démétrius de Phalère;

Mais une boutade de l'opinion du jour les brise en un instant. Heureusement, dit Démétrius, qu'il n'est point au pouvoir des Athéniens de détruire en moi la vertu qui m'avait mérité tant de marques de leur amour!

A Rome, le second fondateur de cette reine du monde est condamné à l'exil.

Cicéron, après avoir sauvé la patrie, en est également chassé par le peuple.

Mamercus, Livius Salinator, Paul-Émile, sont aussi victimes des erreurs de l'opinion du jour.

Et, pour citer des exemples qui atteignent plus particulièrement la classe éclairée de la société, toutefois, sous un autre rapport que celui de la justice, n'a-t-on pas vu, dans les sciences et les lettres, les Locke, les Bacon, les Descartes, les Newton, placés au-dessous des Rohault, des Regis ; les Racine oubliés ou négligés pour les Pradon ? N'a-t-on pas vu les plus grands chefs-d'œuvre mal compris, mal jugés, décriés même par cette opinion du jour?

L'on peut admirer ici combien nous sommes conséquents. Lorsque les plus grands génies se produisent à nos regards ; lorsqu'ils nous instruisent, nous éclairent ; lorsqu'ils font parler la raison et nous montrent la vérité dans tout son éclat, nous en sommes comme éblouis, nous ne pouvons d'abord là bien apercevoir, il nous faut beaucoup de temps pour la reconnaître, nous en pénétrer ; et quand il s'agit de la science politique, c'est-à-dire de la science la plus difficile, la plus compliquée ; quand il s'agit, dans l'application de doctrines nouvelles pour le pays, des corrections, modifications et limitations qu'elles doivent recevoir pour bien s'adapter à un grand empire, aux usages, aux

mœurs et au génie des peuples; quand il s'agit, enfin, de
problèmes qui ne peuvent être résolus par les hommes les
plus éclairés, et dont le temps seul donnera la solution,
nous voulons de prime abord prononcer des arrêts; nous
voulons avoir la prescience, nous qui avons tant de peine
à apprendre les sciences déjà fixées!

Encore une fois, pauvre espèce que nous sommes, nous
n'avons d'autres sciences, d'autres lumières que celles qui
nous viennent du génie, revisées et purifiées par le temps.
Que l'on raie de nos fastes l'existence de cinquante hommes, et nous serons reportés au temps de Dagobert. Allons
plus loin : sur les annales du monde, sur le tableau de la
vie, rayons quatre ou cinq cents hommes de génie, et nous
nous retrouverons dans les forêts, mangeant la châtaigne et
le gland. Il faut donc attendre que le génie et le temps
aient fait notre catéchisme, sans nous flatter jamais de pouvoir le tenir de l'opinion du jour.

Une dernière réflexion sur cette opinion :

C'est principalement l'empire qu'a exercé l'opinion du
jour dans notre révolution, qui a élevé, renversé, relevé
et détruit tous les gouvernements que nous avons vus se
succéder.

Plusieurs de nos constitutions établissaient bien la
division des pouvoirs et des contre-poids qui semblaient
devoir donner de l'aplomb au gouvernement; mais à quoi
bon ces précautions, quand tous les pouvoirs tirent leur
source du peuple, et n'ont de force que celle que leur prête
l'opinion du jour?

Si l'un des pouvoirs veut résister aux autres sans avoir
l'opinion de son côté, il n'est rien.

S'il est soutenu de l'opinion, les autres pouvoirs ne sont plus rien à leur tour.

Enfin, tout le gouvernement lui-même tombe d'inanition dès que l'opinion lui retire sa force vitale.

Dans ce système où l'opinion du jour domine, le gouvernement, mobile comme elle, marche donc toujours à sa perte.

Ainsi le peu de sagesse et les dangers du règne de l'opinion du jour obligent le gouvernement à se soustraire à son empire.

CHAPITRE XIII.

DE LA LÉGITIMITÉ.

Nous avons établi, dans nos discussions précédentes, que l'autorité monarchique est nécessaire; et que les prétentions des peuples, quant à la législation, doivent se borner à l'institution d'un parlement. Par là nous avons reconnu les premiers corollaires de la légitimité, nous allons actuellement examiner les principes qui la constituent, la caractérisent, puis nous passerons en revue les diverses espèces de gouvernements pour juger ceux qui se rapprochent ou s'éloignent davantage de ces principes, et pour mieux fixer nos idées sur la légitimité.

Notre 6e chapitre explique que, par une loi suprême, une loi de nature, nous gravitons tous vers le bien-être.

Dès lors l'office de tout gouvernement est de préparer aux peuples les voies de leur bien-être, de protéger, de maintenir leur marche dans ces voies, selon la loi de nature, la loi de gravitation dont nous venons de parler. C'est là qu'est tracée la ligne de la légitimité, l'organisation du bien-être des peuples, si je puis m'exprimer ainsi, et la garantie de cette organisation, des intérêts nationaux. Telles sont les souches de la légitimité, les principes qui la constituent, la caractérisent, et forment la double mesure sur laquelle doit être appréciée la légitimité, la perfection de tout gouvernement.

Cherchons à appliquer cette mesure :

Platon, dans sa République, met les femmes et les enfants en commun.

Arracher à un mari la femme qu'il aime, lui enlever ses enfants, l'isoler, le priver du bonheur domestique, de ce bonheur de tous les instants qui remplit seul la vie et en fait tout le charme, pour remplacer tous ces besoins par l'exercice de la lutte ou du pugilat, c'est vouer chaque citoyen à l'ennui, à la misère, c'est méconnaître la nature et se mettre en hostilité avec elle.

Un pareil gouvernement, que Platon chercha vainement à établir en Sicile, et Plotin, six cents ans plus tard, en Campanie, fût-il parvenu, par des causes particulières, à prendre quelque consistance, n'aurait jamais été un gouvernement légitime, puisque, loin de faire le bonheur des peuples, il n'aurait tendu qu'à le détruire.

Les gouvernements que nos constitutions ont assis sur la base mobile de la volonté des peuples, et en général tous les gouvernements républicains, qui engendrent des rivalités, des haines, des dissensions entre les partis, qui les mettent, pour ainsi dire, en état de guerre, sans que ces partis soient contenus par une autorité prédominante, une autorité sous l'empire de laquelle la constitution soit garantie, s'écartent beaucoup des conditions de la légitimité; s'ils jettent de l'éclat, ce n'est que passagèrement: des troubles, des désastres succèdent promptement à leurs beaux jours; et, loin que ces gouvernements aient la puissance de satisfaire aux intérêts des peuples et d'assurer leur bonheur, ils ne sauraient donner aucun gage de leur propre existence. Notre double mesure ne peut donc s'ap-

pliquer à ces gouvernements, ne peut les marquer au
type de la véritable légitimité.

Le gouvernement despotique n'est pas légitime, non
précisément parcequ'il est absolu : l'on a dit, avec raison,
que le despotisme d'un ange serait le gouvernement le
plus parfait;

Mais comme les princes, surtout les despotes, ne sont
pas des êtres surnaturels, qu'ils sont sujets aux passions,
à l'ignorance, à l'erreur, subordonner le destin des peuples
à leur unique volonté, à une volonté souvent aveugle et
dépravée, c'est livrer le sort des peuples aux chances les
plus funestes (1).

D'ailleurs un prince dont la volonté seule régit un
empire sent souvent l'impuissance de cette impérieuse
volonté; et pour la mettre dans le cas de triompher des
résistances qu'elle peut rencontrer, le prince sent aussi le
besoin de tenir les peuples sous le joug le plus pesant, de
resserrer leur servitude, d'abattre tout reste de grandeur et
de courage dans des hommes que le règne du despotisme
signale déjà comme dégradés.

Ainsi, le gouvernement despotique, déjà vicieux dans
son principe, se trouve, par la pente naturelle des choses,
entraîné à augmenter encore les fâcheux effets de ce prin-

---

(1) En disant que, dans un gouvernement despotique, le sort des peuples
est subordonné à la volonté du prince, nous n'entendons pas que ce soit cette
volonté qui doive régner, et nous ne sommes point en contradiction avec
notre 9ᵉ chapitre. La volonté arbitraire du prince ne peut en droit tenir le
sceptre; mais en fait elle règne plus souvent dans les gouvernements despotiques qu'ailleurs, parceque les formes de ces gouvernements sont les plus
imparfaites, comme l'explique le chapitre précité.

cipe, les calamités de son règne. O sûrement un pareil gouvernement est le contre-pied de la légitimité (1)!

Tout gouvernement usurpateur, fît-il revivre l'âge d'or, est illégitime, parcequ'au lieu de donner aux peuples une garantie de leurs intérêts, de leur bonheur, il est la source de révolutions et des plus grands maux pour la nation, suivant que l'explique notre 7e chapitre.

Enfin, les gouvernements qui réunissent mieux les conditions de la légitimité, auxquels notre double mesure s'applique plus parfaitement, sont les gouvernements monarchiques héréditaires limités, ou plutôt les gouvernements représentatifs.

Nous disions tout à l'heure que le despotisme d'un ange serait le gouvernement le plus parfait.

Cette perfection tiendrait, et à la forme du gouvernement, et au moteur, qui, parfaitement éclairé et sans passions, ferait toujours marcher le gouvernement dans le sens du plus grand intérêt des peuples.

Quand la même forme de gouvernement se trouve

---

(1) Cependant il faut distinguer :

Le gouvernement despotique que l'on chercherait à acclimater chez les peuples qu'inspire le génie de la liberté, et qui sont dignes d'elle, ferait leur tourment, et serait d'aplomb frappé d'illégitimité, du plus haut degré d'illégitimité, jusqu'à ce qu'il se soit brisé devant la loi de la nécessité.

Mais à l'égard des nations telles que celles d'Asie, où les peuples, par leur mollesse, leur amour du repos, leur insouciance de la liberté, ne ressemblent point à ceux dont nous venons de parler, ne sentent point le joug qui pèse sur eux, ou du moins préfèrent ce joug aux soins et à la fatigue de prendre part dans les affaires du pays, le gouvernement despotique, tout imparfait qu'il est, se trouve à leur niveau, il ne fait pas leur tourment; il n'est frappé d'illégitimité que par sa tendance à dégrader les peuples qu'il régit.

dans les mains d'un prince, il ne manque, pour la perfection du gouvernement, que le prince soit parfaitement
éclairé, et que d'ailleurs, parfaitement sage, il ne se laisse
point entraîner à ses passions. Mais l'institution d'un parlement dans les gouvernements représentatifs, tend à suppléer au défaut de lumières du prince, et à prévenir le
règne de ses passions; et, en effet, un parlement composé
des personnages les plus éclairés et les plus habiles de la
nation, et qui sont d'ailleurs instruits de ses besoins par
leurs relations légales avec les peuples, éclaire le prince
sur les besoins des peuples comme sur les voies à prendre
pour satisfaire à ces besoins, et forme le meilleur conseil que puisse avoir le prince. D'un autre côté, le parlement, par son concours à la législation, par la nécessité
de son consentement pour l'établissement de la loi et des
institutions nationales, est investi d'une puissance qui
prévient les écarts où le prince pourrait être entraîné par
ses passions, les annihile, en quelque sorte, quant à leurs
effets vis-à-vis de la nation.

Or, si le gouvernement du prince, pour atteindre la
perfection, exige seulement que le prince soit parfaitement éclairé et parfaitement sage, et si l'institution d'un
parlement supplée aux lumières qui pourraient manquer
au prince, prévient le règne de ses passions, et lui assure
autant que possible l'infaillibilité dont il jouirait s'il était
parfaitement éclairé et parfaitement sage.

Il est alors démontré que le gouvernement du prince,
étayé d'un parlement, forme le gouvernement le plus
parfait, celui qui prépare et ménage mieux le bonheur
des peuples. Nous nous retrouvons ici sur le terrain où

nous nous sommes déjà placés dans le dixième chapitre; mais il est toujours utile qu'une vérité importante soit aperçue dans ses divers points de vue.

En second lieu, le principe de l'hérédité du pouvoir monarchique garantira les bons effets de ce gouvernement, la durée de son règne, de sa marche constante dans le sentier de l'intérêt national.

Dans cet état de choses, il est donc vrai de dire que notre double mesure de la légitimité s'applique plus parfaitement aux gouvernements représentatifs, constitués sous le principe de l'hérédité du pouvoir monarchique, qu'à tous autres gouvernements, et par conséquent qu'ils sont les gouvernements les plus légitimes.

Ainsi la légitimité est la perfection du gouvernement, considéré, non dans de vaines spéculations, mais dans son application, dans le bien-être qu'il prépare aux peuples, et la garantie de ce bien-être.

La légitimité ne s'applique pas seulement à la forme du gouvernement, elle s'identifie aussi avec tous principes, toutes institutions qui peuvent satisfaire aux intérêts des peuples, augmenter leur bonheur. Rien de ce qui intéresse les peuples n'est étranger à la légitimité.

Sur ce pied la légitimité ne peut être absolue stationnaire; elle marche avec les siècles, se perfectionne par leurs progrès, par la civilisation; elle conserve toujours une porte ouverte pour recevoir et s'approprier les institutions ou subir les modifications que le temps lui signale comme avantageuses.

La légitimité d'aujourd'hui n'est pas la même que celle du temps de Dagobert : elles ont bien un caractère commun, la nécessité de la monarchie héréditaire; mais depuis Dagobert le temps et la civilisation ont découvert et développé mille moyens d'agrandir le bonheur des peuples, et la légitimité s'est enrichie de toutes ces découvertes. La légitimité est la fille, l'héritière du temps; elle ne pourra renoncer à l'héritage sans transgresser sa loi de nature, sans se mutiler et s'anéantir.

FIN.

Le sieur Leforestier jouissait paisiblement de tous ces objets, lorsqu'en messidor an 7, le sieur *Godet*, fils de Simon Delessart, est venu former, comme créancier hypothécaire de Delessart, en vertu de l'acte de vente de 1786, une tierce opposition aux deux jugemens des 20 juin 1791 et 23 janvier 1792.

Le sieur Leforestier a soutenu que le sieur Godet n'était pas recevable dans cette tierce opposition, parce qu'en la formant en qualité de créancier de Delessart, il ne pouvait avoir plus de droit que Delessart lui-même; que les jugemens des 20 juin 1791 et 23 janvier 1792 avaient acquis contre Delessart l'autorité de la chose jugée; et que par conséquent ces jugemens faisaient loi, non seulement entre ceux qui y avaient été parties, mais encore entre leurs ayans droit, et par conséquent entre leurs créanciers respectifs.

Mais, par un arrêt du 22 messidor an 8, la Cour d'appel de Caen a rejeté la fin de non recevoir, attendu que, comme créancier hypothécaire de Delessart, Godet avait qualité pour attaquer, par tierce opposition, les jugemens rendus contre son débiteur, cette voie étant ouverte à quiconque avait des droits à l'objet qui était contesté, et qui n'a pas été représenté dans le procès jugé.

Pourvoi en cassation pour violation de plusieurs dispositions de l'ordonnance de 1667.

La question posée par M. le procureur-général *Merlin* a été de savoir si un créancier hypothécaire peut attaquer par la voie de la tierce opposition un jugement rendu en dernier ressort, contradictoirement avec son débiteur.

Et, à cet égard, ce magistrat a commencé par rappeler que l'art. 1er du titre 35 de l'ordonnance de 1667 ne permet à celui qui a été partie dans un jugement, ou à ses *ayans cause*, d'attaquer ce jugement que par la voie de la requête civile; ce qui réduisait la question à celle-ci : Godet, comme créancier de Delessart, était-il son ayant cause?

Or, qu'un créancier, a dit M. le procureur-général, soit, relativement à l'exception de chose jugée, considéré comme